中国核工业发展简史

本书编写组

中国原子能出版社

图书在版编目（CIP）数据

中国核工业发展简史 / 本书编写组编著 . —北京 ：
中国原子能出版社，2021.11（2024.11重印）

ISBN 978-7-5221-1688-4

Ⅰ.①中…　Ⅱ.①本…　Ⅲ.①原子能工业-工业史-
中国　Ⅳ.①F426.23

中国版本图书馆 CIP 数据核字（2021）第 234175 号

中国核工业发展简史

出版发行　中国原子能出版社（北京市海淀区阜成路 43 号　100048）
责任编辑　王　青　郭文传
装帧设计　崔　彤
责任印制　赵　明
责任校对　宋　巍
印　　刷　北京厚诚则铭印刷科技有限公司
开　　本　787 mm×1092 mm　1/16
印　　张　16
字　　数　215 千字
版　　次　2021 年 11 月第 1 版　2024 年11月第 6 次印刷
书　　号　ISBN 978-7-5221-1688-4
定　　价　68.00 元

发行电话：010-68452845

序 言

今年是中国共产党百年华诞。中国共产党的一百年，是矢志践行初心使命的一百年，是筚路蓝缕奠基立业的一百年，是创造辉煌开辟未来的一百年。中国核工业，是新中国成立后在中共中央的正确领导和亲切关怀下，在全国各行各业的大力协同和全国军民大力支持下，成长发展壮大起来的。

中共中央对发展核工业高瞻远瞩。1949 年 3 月，中共中央拨付专款支持购置核科学研究设备器材；1950 年 5 月，中央政府成立核科学研究机构——中国科学院近代物理研究所（现中国原子能科学研究院）；1955 年 1 月，中共中央在核科学技术研究初步开展、发现第一块铀矿石和培养核科学研究人才等基础上，作出创建核工业的战略决策。中国核工业的发展历程是中国共产党领导中国社会主义建设和改革开放与社会主义现代化建设光辉历史的重要组成部分。

60 多年来，核工业人牢记使命，执着追求，勇于担当，勇于探索，勇于奉献，勇于创新，谱写了核工业发展的辉煌篇章——成功研制原子弹、氢弹、核潜艇（简称“两弹一艇”），铸就共和国巍然屹立世界的坚强盾牌；坚持自力更生与引进合作相结合，核电建造和运营业绩居于世界前列，核电技术从第二代、第二代改进型向第三代过渡，成功自主研发并建成投运新时代的国之重器——第三代核电“华龙一号”，快堆、高温气冷堆示范电站积极推进，新型核动力的应用范围快速扩大；铀地质矿冶、核燃料生产实现重大技术跨越；核技术应用在国计民生各领域大放异彩。特别是党的十八大以来，以习近平同志为核心的党中央高度重视核工业发展，核工业迎来了重要的发展战略机遇期，成功建设了一系列科学技术研究重大设施，取得了有世界影响的一批科技创新成果，走出了一条有中国特色的核工业发展之路。在核工业创建60周年之际，习近平总书记作出重要指示：“核工业是高科技战略产业，是国家安全重要基石。要坚持安全发展、创新发展，坚持和平利用核能，全面提升核工业的核心竞争力，续写我国核工业新的辉煌篇章”。

伟大的事业铸就伟大的精神。在研制原子弹（氢弹）/导弹、人造卫星（简称“两弹一星”）的奋斗中，核工业与航天等行业的广大干部职工，孕育了“热爱祖国、无私奉献，自力更生、艰苦奋斗，大力协同、勇于登攀”的“两弹一星”精神。在60多年发展核工业的伟大实践中，核工业人培育和弘扬了“事业高于一切、责任重于一切、严细融入一切、进取成就一切”的“四个一切”核工业精神和“强核报国、创新奉献”的新时代核工业精神。伟大的精神促进伟大的事业。这些伟大精神，必将激励一代又一代核工业人前赴后继、再接再厉，不断把核事业推向一个又一个新高峰。

“度之往事，验之来事，参之平素，可则决之”。在开展党史学习教育中，编写出版《中国核工业发展简史》很有意义，正当其时。希望中国核工业集团有限公司的广大干部职工，充分利用这本简史，学习了解党领导下的中国核工业发展历程、主要成就和经验启示。不断增强“四个意识”，坚定“四个自信”，做到“两个维护”，全面贯彻落实好习近平总书记对核工业的重要指示批示精神；进一步深刻认识只有坚持中国共产党的领导和发挥社会主义制度的优势，核工业才能不断胜利向前发展；进一步增强努力建设核工业强国，为中华民族伟大复兴作出更大贡献的坚定信心；进一步大力弘扬“两弹一星”精神、“四个一切”核工业精神和新时代核工业精神，学习发扬王淦昌、邓稼先、彭士禄等先辈科学家献身科学、追求科学的崇高品格，勇于攻克“卡脖子”难关；进一步增强思想自觉和行动自觉，立足新发展阶段，贯彻新发展理念，构建新发展格局，实现高质量发展和科技自立自强，在实现碳达峰碳中和目标中充分发挥主观能动性，努力作出新的更大贡献，谱写新时代核工业发展新的辉煌篇章。

中国核工业集团有限公司

董事长、党组书记 余剑锋

2021 年 11 月

目　录

第二篇　核能和平利用的全面推进

第三篇 新时代核工业的跨越发展

绪　论

核工业是为利用核反应或核衰变释放出的能量或射线，从事核燃料生产、核武器研制、核能开发、核技术应用，取得经济效益或社会效益的产业统称。随着20世纪初期核科学技术的突破和发展，人类迈入原子时代，核工业的建立和发展在一定程度上反映了一个国家工业能力、经济实力和科技水平。

核工业具有以下显著的特点：一是属于事关国家安全和能源结构优化的高科技战略产业，实行政府集中管理；二是核安全受到高度关注，核工业发展必须确保安全；三是由于生产和科研的部分环节具有放射性，需采取一些特殊的技术和管理措施；四是具有很强的系统性和综合性；五是核电等大型核设施建设周期长、投入大；六是对其他行业的技术进步和科学研究的发展具有不可替代的拉动作用。

中国核工业始于20世纪50年代，是中国共产党领导中国人民向科学技术进军、实现中华民族伟大复兴的壮举。中国核工业经过60多年艰苦卓绝的奋斗，建立了世界上为数不多、比较完整的核工业产业体系，主要包括六大部分：一是核武器，包括原子弹、氢弹、中子弹等的研制；二是完整的核燃料循环产业体系；三是核反应堆装置研制；四是以提供低碳清洁电力和供热为主的民用核能产业；五是将同位素与辐射技术应用于国民经济的民用非动力核技术产业；六是核工业科研生产所需的专用设施设备、仪器仪表和特殊材料产业。

中国核工业的创建和发展，得到了党和国家的高度重视、支持与关怀。20 世纪 50 年代，毛泽东、周恩来等老一辈无产阶级革命家，毅然决定中国要掌握原子能、发展核工业。1956 年毛泽东在《论十大关系》中写道：“……还要有原子弹。在今天的世界上，我们要不受人家欺负，就不能没有这个东西。”十一届三中全会后，邓小平、江泽民、胡锦涛等中央领导同志对核工业的战略调整、核电建设、改革脱困等作出了一系列重要指示。邓小平在 1988 年曾指出：“如果六十年代以来中国没有原子弹、氢弹，没有发射卫星，中国就不能叫有重要影响的大国，就没有现在这样的国际地位。这些东西反映一个民族的能力，也是一个民族、一个国家兴旺发达的标志。”

党的十八大以来，中共中央总书记习近平高度重视核工业在国家全局中的重要地位和作用，对核工业的发展多次作出重要指示批示。2015 年初，习近平在中国核工业创建 60 周年之际批示：“核工业是高科技战略产业，是国家安全重要基石。要坚持安全发展、创新发展，坚持和平利用核能，全面提升核工业的核心竞争力，续写我国核工业新的辉煌篇章。”

中国核工业创建与发展的历程，既与中国共产党在新中国成立后的社会主义革命和建设时期、改革开放和社会主义现代化建设新时期和中国特色社会主义进入新时代这三个历史时期紧密相关，又有自身的阶段性特点，大致经历了三个大的发展阶段。

第一阶段是从 1955 年 1 月 15 日中共中央决策创建核工业到 1985 年，是第一次创业时期，建立起比较完整的核科技工业体系，研制成功“两弹一艇”，打下核电发展基础，助推新中国站起来。核工业坚决贯彻执行中共中央、毛主席关于发展中国原子能事业的一系列指示，战胜了创建初期物资严重匮乏、科研生产条件简陋、生活环境恶劣等诸多困难，宋任穷、张爱萍、刘杰、钱三强、王淦昌、邓稼先、彭士禄等老一辈带领成千上万核工业人，自力更生、艰苦奋斗，隐姓埋名、以身许国，铸造了惊世伟业。

1955 年 1 月 15 日，毛泽东主持召开中共中央书记处扩大会议，作出中国发展核工业的战略决策，标志着中国核工业建设的开始。在此之前，中国第一个核科学技术研究机构——中国科学院近代物理研究所于1950年5月19日成立，第一块铀矿石标本于1954年10月在广西富贺钟地区花岗岩体采集。在核工业创建初期，苏联对中国核科学技术发展和核工业建设提供了援助，从1955年到1958年中苏两国政府先后签订了6个协定。1956年11月16日主管核工业建设和发展的第三机械工业部（简称三机部）成立，1958年2月11日改名为第二机械工业部（简称二机部）。1958年1月8日，中共中央批准成立负责核武器研制的三机部九局（后改称二机部九局）。1958年春，苏联援建的研究性重水反应堆和回旋加速器（即“一堆一器”）先后建成，同年6月重水反应堆达到临界、回旋加速器调试出束，标志着中国开始进入原子能时代。从1958年5月开始，核工业第一批厂矿投入建设，之后相继建成投产。1959年6月20日，苏共中央致信中共中央，提出暂缓按协定向中国提供原子弹的教学模型和图纸资料。1960年7月16日，苏联政府单方面毁约停援，中止同中国签订的所有涉核协定和合同，中国核工业走上全面自力更生的道路。1962年11月17日，为加强核工业的领导，以周恩来为主任、7位副总理和7位部长级领导参加的中央15人专门委员会成立。1964年10月16日中国第一颗原子弹成功爆炸，1967年6月17日第一颗氢弹成功爆炸，1970年12月26日第一艘核潜艇艇体下水，1971年9月此艘核潜艇试航，1974年8月1日命名为“长征一号”编入海军序列，完成了载入中华民族史册的“两弹一艇”研制任务。在突破核武器的同时，核科学技术研究进一步开展并不断发展完善；同位素与辐射技术在农业、工业、医学等领域得到初步应用；核电站建设开始了科研、设计、初步选址、设备研制等前期工作。改革开放后，核工业的调整改革逐步推进，取得了显著成绩。1981年3月初，在国务院副总理、国防科委主任张爱萍主持下，提出“核工业应在保证军用的前提下，把重点转移到为国民经济利用上来”的发展方针，即后来概括的“保军转民”方针。1982 年，“七二八”核电工程在第五届全国人大第五次会议上被列为“六五”国家重点工程，国家经委批准位于浙江杭州湾附近的秦山厂址，核工业部（1982 年 5 月 4 日二机部改名为核工业部）将工程命名为秦山核电厂。1982 年底，国务院批准采用进口成套设备在广东大亚湾建设商用核电站。中国核电建设以自主设计、建造和运行管理与引进国外先进技术、设备、管理经验同步开展的方式起步。1983 年 9 月 3 日，国务院副总理李鹏任组长的国务院核电领导小组成立。1984 年 10 月 30 日，国家核安全局成立。1984 年 1 月 1 日，中国正式加入国际原子能机构，并成为指定理事国。

第二阶段是从 1985 年到 2015 年，是核工业第二次创业时期，核工业贯彻“保军转民”的方针，积极完成军工任务，同时大力发展核电、核燃料、核技术应用等产业，向市场化迈进。从中国大陆第一座核电站秦山 30 万千瓦核电站到具有世界先进水平的第三代核电技术“华龙一号”，实现了核电“零的突破”和第三代核电自主化，打造国家名片，核电走出国门。期间，具有行政职能的中国核工业总公司于 1999 年 7 月分立为企业性质的中国核工业集团公司和中国核工业建设集团公司。

1985 年 3 月 20 日，秦山核电站核岛主厂房底板浇注第一罐混凝土；1987 年 8 月 7 日，大亚湾核电站开工建设。同时，核工业全面贯彻“调整、改革、整顿、提高”的方针，压缩基建规模并保证重点工程和收尾工程建设，缩短科研战线。核工业部先后成立了中国原子能工业公司、中国中原对外工程有限公司、中国同位素公司等主要面向市场的单位。1988 年 4 月 9 日，核工业部改组为中国核工业总公司。1990 年 2 月 26 日，中国工程物理研究院调整为由国防科工委归口管理，在国家计划中单列。1991 年 12 月 15 日，中国自行设计建造的秦山核电站并网发电，结束了中国大陆无核电的历史。1994 年 2 月 1 日和 5 月 6 日，大亚湾核电站 1 号和 2 号机组分别投入商业运行。秦山核电站与大亚湾核电站的成功建设，开辟了中国自主建设和从国外引进先进技术、资金及管理经验相结合的核电发展道路。1994 年 9 月 29 日，中国广东核电集团有限公司成立。1999 年 9 月 18 日，在中共中央、国务院、中央军委举行的表彰大会上，于敏、王淦昌、邓稼先、朱光亚、吴自良、陈能宽、周光召、钱三强、郭永怀、彭桓武、程开甲 11 位核科技专家获“两弹一星”功勋奖章。1999 年到 2010 年，中核集团完成结构调整改革，并于 2002 年实现补后盈利，结束连续 10 多年行业性亏损，2004 年首次实现补前盈利，走上良性发展轨道。2000 年 6 月，中国向巴基斯坦出口并帮助建设的 30 万千瓦恰希玛核电站实现首次并网发电，中国成为世界上第七个出口成套核电机组的国家。2000 年以后，中央在对五年规划的建议中分别提出“适度发展核电”“积极发展核电”和“安全高效发展核电”的方针。2006 年 2 月，大型先进压水堆及高温气冷堆核电站列为 16 个国家重大科技专项之一。2006 年和 2007 年，中国先后引进了美国第三代核电技术 AP1000 和欧洲第三代核电技术 EPR。2007 年 5 月 22 日，国家核电技术有限公司成立。2010 年 7 月 21 日中国实验快堆实现首次核临界，一年后成功实现首次并网发电。2011 年 3 月福岛核事故后，在国务院部署下，国家核安全局等部门对全国核设施进行了核安全检查，核电安全标准进一步提高，相关企业按要求进行了安全整改。2013 年 6 月 21 日，中核集团在甘肃铀浓缩基地宣布，中国核工业关键技术——铀浓缩离心技术完全实现自主化，并成功实现了工业化应用，达到国际先进水平。2014 年 8 月 22 日，中国自主研发的第三代核电技术“华龙一号”总体技术方案通过国家能源局和国家核安全局联合组织的专家评审。2014 年 11 月 3 日，国家能源局同意福清核电 5、6 号机组采用“华龙一号”技术，建设国内示范工程，之后防城港核电 3、4 号机组也确定为“华龙一号”的示范工程。

第三阶段是以 2015 年 1 月 15 日习近平总书记在中国核工业创建 60 周年之际作出重要批示为标志，给新时代中国核工业发展指明方向，开启了建设先进核科技工业体系、打造具有全球竞争力的世界一流企业和推动建成核工业强国的新征程。其间，国家核电技术公司与中国电力投资集团公司于 2015 年重组成立国家电力投资集团有限公司；中国核工业集团有限公司和中国核工业建设集团有限公司于 2018 年实施重组，中国核工业建设集团有限公司整体划转进入中国核工业集团有限公司。

2015 年以来，核工业发展不断取得新成绩。2015 年 5 月 7 日，福清核电 5 号机组——“华龙一号”全球首堆示范工程开工建设，2021 年 1 月 30 日投入商运。截至 2021 年 7 月 1 日，中国大陆运行核电机组达到 50 台，额定装机容量为 5389.9 万千瓦，位列全球第三；核准及在建核电机组装机容量位列全球第一。铀资源探采能力不断提升，海外开发成效显著。核燃料循环产业生产能力和技术水平全面跃升，乏燃料后处理产业加快发展，高放废物地质处置地下实验室建设积极推进。受控聚变技术研发取得重大进展，2020 年 12 月 4 日“中国环流器”二号 M（HL-2M）装置建成并实现首次放电，2021 年 5 月中国自行设计研制的国际首个全超导托卡马克核聚变实验装置——“东方超环”（EAST），取得重大突破。中国与哈萨克斯坦合作建设的核燃料元件厂已开工建设，完成了加纳、尼日利亚的微堆低浓化改造，伊朗阿拉克重水堆改造项目按合同进行，2016 年 3 月中美两国元首倡议的中美核安保示范中心建成并投入运行。核技术在国民经济中的应用提速发展，核心企业强力进军资本市场，产业规模大幅度扩大，社会效益、经济效益迅速增长。在 2020 年抗击新冠肺炎疫情中，医用辐照消毒充分显现技术优势，将原来需要 7 到 14 天的医用品消毒灭菌时间缩短至 1 天以内，为抗疫一线提供了有力支持和保障。

中国核工业取得的成就是辉煌而巨大的，主要有以下几个方面。

一是铸就核盾牌，夯实国家安全基石，为捍卫国家主权和领土完整，遏制侵略战争，保持大国地位，维护世界和平，提供了强有力保障。

二是拥有世界上只有少数国家才拥有的比较完整的全产业链核工

业体系，技术水平与生产能力达到世界先进水平。

三是建立覆盖核工业全产业链各环节、具有国际先进水平的科技创新体系，为核工业发展提供不竭动力和源泉。

四是迈入世界核电发展先进行列，核电成为中国清洁能源的重要组成部分，为保障国家能源安全、调整能源结构、实现绿色低碳发展作出了积极贡献。

五是形成规模化、产业化的核技术应用产业，在国民经济中的应用更加广泛和深入。

六是保持世界先进水平的核电机组运行和核安全纪录，严格履行国际义务，为构建全球核安全命运共同体贡献了中国智慧和力量。

七是培育"两弹一星"精神、"四个一切"核工业精神和"强核报国、创新奉献"新时代核工业精神的核工业精神谱系，是核工业砥砺前行的精神力量。

中国发展核工业，建立完整的核科技工业体系，从实际国情出发，执行了一套正确的方针政策，形成了一条富有中国特色的发展路线，培育了一支甘于奉献、勇于拼搏的队伍，用时比较短，花钱比较少，效益比较高，经验弥足珍贵。核工业的创建与发展，充分说明：

第一，党的坚强领导是核工业创建与发展的根本保证。中国核工业从无到有、从小到大、从弱到强是党中央正确领导和英明决策的结果，是各级党组织精心组织实施和广大共产党员、干部职工无私奉献、努力拼搏的结果。没有中国共产党的坚强领导，就没有中国核工业。

第二，自力更生为主、争取外援为辅是核工业发展的正确路线。依靠独立自主，自力更生，打破了西方的技术封锁，掌握了核心技术。同时坚持对外开放，不断吸收一切先进技术和经验，赢得了更快发展速度。

第三，集中统一、大力协同是实现核科技工业攻坚克难的制胜法宝。核工业的发展充分证明，集中统一、大力协同适合中国国情和客观实际，有力有效，充分体现了社会主义国家集中力量办大事的制度优势，为重点领域和关键环节在较短时间内实现突破创造了条件。

第四，安全第一、质量第一是核工业可持续发展的生命线。从创建伊始核工业就建立严格的质量、安全保障系统和责任制度，确保核设施安全稳定运行，确保核材料“一克不少、一件不丢”，始终保持核安全、职业健康安全和公众与环境安全的良好记录。

第五，科研设计生产一体化，领导专家群众相结合是提高核工业效率和水平的有效方法。注重领导、专家和群众相结合，打破部门单位的界限，克服人为的分割和脱节，采取科研、工程和生产一体化的模式，有效提升了核武器研制、核电发展等的速度和质量。

第六，培养和造就优秀的人才队伍是核事业发展的可靠保障。通过人才引进、人才培养和队伍建设，形成管理人才、科技人才、技能人才并驾齐驱的格局，为核工业发展提供了科学、高效的人力资源保障。

第七，加强思想政治工作是核工业发展凝心聚力的重要手段。始终坚持思想政治工作以人为本，弘扬和发扬“两弹一星”精神和“四个一切”与新时代核工业精神，注重发挥榜样引领的作用，使核工业队伍始终保持艰苦奋斗、奋发有为的精神状态。

进入 21 世纪以来，气候变暖正成为全人类的巨大威胁。2015 年巴黎气候大会召开，全球 195 个缔约国通过了《联合国气候变化框架公约》，这无疑给中国依靠煤为主要能源的发展模式提出严峻挑战，给未来发展增加了压力。

2020 年 9 月，国家主席习近平宣布，中国将提高国家自主贡献力度，采取更加有力的政策和措施，二氧化碳排放力争于 2030 年前达到峰值，努力争取 2060 年前实现碳中和。

核能发电是全生命周期碳排放最小的发电技术之一，低碳排放是核电最突出的技术优势之一，是实现“碳达峰”“碳中和”战略目标的必然选择。核能作为零碳排放的能源供给形式，正在从原有单一电力供应转向多领域多用途应用拓展。除了核能供热，核能在工业供汽、海水淡化、制氢、同位素生产等方面可以发挥重要作用，在太空、深海、海岛等特殊场景中，核能还具有清洁高效、可持续性强、多形式供能等独特优势。中国核电的发展，将对调整优化能源结构，减缓全球温室效应，减少环境污染，实现经济和生态环境协调发展作出更大的贡献。

核工业是高科技战略产业，是国家安全重要基石。中国核工业将全面准确把握党和国家对新时代核工业的新要求，坚决忠诚服务国家战略，确保完成好国家任务；立足新发展阶段、贯彻新发展理念、构建新发展格局，推动高质量发展；落实碳达峰、碳中和战略，加快推进能源革命；统筹发展和安全，推动核工业安全高效发展。

当今世界正经历着百年未有之大变局，这场大变局关乎中华民族和全人类前途命运。站在中华民族伟大复兴的历史节点上，面对机遇和挑战，新时代中国核工业瞄准 21 世纪中叶全面建成世界领先的核科技工业体系、核科技创新实现领跑的目标，坚守初心，牢记使命，坚持强核强国、造福人类，以更加坚定的决心，更加昂扬的姿态，开启新征程，奋进新时代，续写新的辉煌篇章，为实现中华民族伟大复兴的中国梦作出贡献。

第一篇

“两弹一艇”的成功研制

20世纪初至中叶，随着核科学技术的发展，人类社会迈入原子时代，核工业在少数先进国家创建并快速发展。在旧中国，只有少数留学人员在国外学习和研究核科学技术，个别科研机构开展了少量研究探索工作，铀矿地质工作开展很有限，远不具备建立核工业、研制核武器的基础。

20世纪50年代，以毛泽东同志为核心的第一代党中央领导集体高瞻远瞩，为抵御西方大国的核讹诈和核威胁，毅然作出创立核工业、研制核武器的战略决策。在党中央的集中统一领导下，核工业战线广大干部、科技人员和职工，自力更生、奋发图强，攻克难关，书写了成功研制“两弹一艇”、建成比较完整的核工业产业体系的壮丽画卷，实现了中国共产党领导中国人民向科学技术进军、铸就国之盾牌的伟大壮举。

1978年十一届三中全会后，随着全党工作重点转移到经济建设上，以及国防建设指导思想的战略转变，中国核工业战略重心转向为国民经济建设服务。中国核工业按照党和国家的部署和要求进行改革调整，紧紧抓住改革开放带来的发展机遇，力促核电建设起步。

第一章

中国核工业的创立

中国共产党和老一辈领导人在新中国成立之初国家工业基础薄弱、科技水平落后的条件下，作出创建核工业的伟大战略决策，体现了国家和民族的根本利益，反映了全国各族人民的共同愿望。

第一节　新中国成立前的核科学研究与铀矿地质工作

20 世纪初，少数留学人员在国外学习核科学技术并参与研究，清华大学等少数高校开始培养核科技人才。国内个别核科研机构跟踪世界核科学技术的发展，并在国内零星开展了少量研究探索工作。铀矿地质开展的工作十分有限，保留的资料也十分零散。

一、核科学技术人才培养与初步探索

1909 年，胡刚复作为中国涉核第一人进入美国哈佛大学学习，后来回国任教，吴有训、严济慈、赵忠尧、钱临照等都是他的学生。1918 年，叶企孙留学美国，回国后曾长期在清华大学任教，王淦昌、钱三强、何泽慧、彭桓武、李正武、陈芳允、戴传曾、朱光亚、邓稼先、杨振宁、李政道、周光召、何祚庥、唐孝威、黄祖洽、胡仁宇等都是他的学生。1928 年 8 月，吴有训在清华大学筹建近代物理研究

室，并主持清华大学物理系、理学部达 16 年，在继续开展 X 射线研究的同时，培养了一些优秀人才。

20 世纪二三十年代，留学西欧、北美的中国青年学者在世界著名物理学家和核科学家直接指导下，在核科学领域开展实验和理论研究并取得显著成绩。回国以后，赵忠尧、郑大章等人虽开展过原子核物理和放射化学的研究，但都因条件所限，没有取得什么进展。

旧中国曾设立两个核科学研究机构，均是在距新中国成立前不久设立的。一个是在中央研究院物理研究所设立的原子核物理实验室，仅有吴有训、赵忠尧（在美国）、李寿枡等 5 名科研人员；另一个是在北平研究院镭学研究所基础上成立起来的原子学研究所，也仅有钱三强、何泽慧等 3 名科研人员。两个研究机构在设备方面，连一台小型加速器都没有。

二、铀元素检测与铀矿物的初步发现

中国地质工作者检测到铀元素和发现铀矿物始于 20 世纪 30 年代。1934 年，张定钊在江西南部钨、锡、铋、钼矿石中鉴定出铀元素。1938 年，张更在广西花山花岗岩体的冲积砂内，采集了含有放射性元素的独居石、钍石等矿物。

1943 年 5 月，南延宗等在广西富钟县黄羌坪调查锡钨矿时，在矿区的石壁上发现铀矿物，这是中国第一次发现铀矿物。1944 年，南延宗等在《地质论评》上发表中国第一篇关于铀矿的论文《广西富贺钟区铀矿之发现》。1948 年 4 月，何杰编撰《广西稀有金属矿产探勘队探勘富贺钟铀钍矿第一次工作报告》，记述铀铜矿、铀钒矿、铀铅矿、铀灰矿和铀灰石五种次生铀矿物。

此外，1944 年，日本地质工作者富田达等在辽宁海城县大房身村的伟晶岩脉中发现含铀的黑稀金矿、铌酸钇矿、褐钇铌矿。1946 年，苏联地质工作者安·佐托夫等在新疆伊犁盆地进行调查。1947 年苏联地质工作者尼·明斯基在新疆达拉地煤系地层中发现放射性异常，

1948年苏联地质工作者梁金经重新调查后估算铀资源量为800千克，不具工业意义。

旧中国铀矿地质工作开展得十分有限，保留的资料也很零散。但地质学家南延宗在广西首次发现铀矿物和留下来的宝贵资料，为新中国采集到第一块铀矿石标本提供了重要线索。

第二节 新中国成立后核工业创建前的基础工作

大批海外留学生回国报效祖国，核科研机构的组建和核科研工作的初步开展，铀资源初步勘探与发现，为创建核工业的战略决策奠定了坚实基础。

一、科研机构组建与初步开展工作

1950年5月19日，政务院总理周恩来主持第33次政务会议，批准成立新中国第一个核科学研究机构——中国科学院（简称中科院）近代物理研究所（简称近物所），任命吴有训为所长、钱三强为副所长。一年后，吴有训调任中科院副院长，钱三强为近物所所长。

从国内外选聘人员、扩大队伍是近物所成立后的突出问题。为此，一方面聚集国内核领域为数不多的科学家，如王淦昌、彭桓武等；另一方面积极争取在国外的留学人员归国，如郭挺章、邓稼先、金星南、赵忠尧、肖健、杨澄中、陈奕爱、戴传曾、杨承宗、梅镇岳、谢家麟、范新弼、丁渝、张家骅、李正武、郑林生、肖伦、冯锡璋、朱洪元、张文裕、王承书、汪德昭等。他们响应祖国的召唤，放弃国外工作和生活的优越条件，冲破阻挠，历尽艰难，相继归来。赵忠尧先期把在美国购买的静电加速器部件和一批核物理实验器材送回祖国，自己历经周折回到祖国。1950年以后，还从国内大学分批选拔优秀毕业生，如于敏、王方定、黄祖洽、肖振喜、叶铭汉等。

位于北京东黄城根甲42号的中国科学院近代物理研究所旧址

1950年10月17日，近物所初步确定理论物理、原子核物理、宇宙线和放射化学4个领域为近期科研方向。核物理方面要建成高压倍加器和质子静电加速器，研制出主要探测器，争取建成回旋加速器；放射化学方面开展铀的提取，高纯石墨和重水的研制，积极准备建设反应堆；同时，开展理论物理和宇宙射线研究。

1951年，中科院近物所新物理楼在北京东皇城根建成；1953年，在北京海淀区中关村建成近代物理大楼。同时，通过购买旧电子元件器材改装成仪器设备、修旧利废、自行研制等方式，解决了一批开展科研工作所必需的仪器设备。

在成立后最初几年，近物所科技人员和工人面对底子薄、缺乏仪器设备等困难，学习和发扬延安“自己动手、丰衣足食”的革命精神，逐步克服了这些困难，取得一些科研成果。先后建造了70万电子伏质子静电加速器、250万电子伏高压质子静电加速器、40万伏高压倍加器，研制成功多种探测器和核电子仪器并于1955年开始批量生产，逐步开展了原子核物理和粒子物理理论的研究工作，开展了铀的提取和重水及石墨的制备。

1953年10月，中科院将电子所筹备处和数学所计算机组并入近物所，近物所更名为中国科学院物理研究所（简称物理所）。

1954年，坐落在海拔3180米的云南落雪山的中国第一座高山宇宙线实验室建成投入使用，开始奇异粒子和高能核作用的研究工作，达到当时的国际水平。

赵忠尧从国外带回部件组装的静电加速器

新中国核科学技术研究的起步得到国外友好人士的帮助。1949年4月，钱三强从尚在西柏坡的共产党中央机关申请到5万美元经费，在参加布拉格世界保卫和平大会时托付导师约里奥-居里夫妇帮助，为新中国核科研机构添置必备的仪器设备和专业书刊。1951年10月，约里奥-居里请即将回国的杨承宗转告毛泽东主席，要保卫世界和平，要反对原子弹，就要自己拥有原子弹。在约里奥-居里夫人的帮助下，杨承宗获得了10克镭标准源，该标准源成为开展放射性计量研究的基础。

二、第一块铀矿石的发现

1954年2月，地质部普查委员会设立第二办公室（简称普委二办），在地质部党组书记、副部长刘杰的直接领导下开始筹建铀矿地质机构，聘请苏联铀矿地质专家Ф. И. 拉祖特金做技术指导，具体负责人是高之杕、安桐馥。

1954年10月，拉祖特金、高之杕、曾卓荣等组成的花山工作队在地质学家南延宗最早发现铀矿的地点——广西富钟县花山黄羌坪开展调查。最终在花山岩体杉木冲的云英岩化锡石脉中发现了原生铀矿物和发育良好的次生铀矿，采集了新中国第一块铀矿石标本，揭示中国具备了核事业发展所必需的物质条件。

中国第一块铀矿石标本

第三节　核工业创建的战略决策

一、形势与背景

20世纪50年代初，新中国面临着严峻的形势。在国内，经济和科学技术十分落后，百废待兴。在国外，美帝国主义等敌对势力在经济、科技上对新中国全面封锁，在军事上严重威胁新中国安全，并曾几次威胁要对中国使用核武器。帝国主义咄咄逼人的核威胁，世界人民反对核战争的殷切期望，都促使中国一定要发展核武器。代表当时世界上最先进科技水平的核能研究和利用的迅速发展，更增加了中国必须迎头赶上的紧迫感。

1952年以后，中国经济实现全面恢复和快速增长，具备开展一定规模工业建设的必要条件。朝鲜战争停战后，中国人民赢得建设国家的国际和平环境。当苏联表示愿意在原子能和平利用方面给包括中国在内的社会主义阵营国家提供技术帮助时，中央考虑到核科学研究已经起步并汇集了一批优秀人才，又发现了铀资源苗头，不失时机地把中国的核工业创建与发展提到议事日程。

二、战略决策

1955 年 1 月 14 日下午，周恩来约请地质学家、地质部部长李四光和核物理学家钱三强，详细询问中国核科技研究的人员及设备和铀矿地质资源情况，了解核反应堆、原子弹原理和发展核能技术所需要的条件。当晚，周恩来执笔向毛泽东写了报告，提出第二天安排汇报。

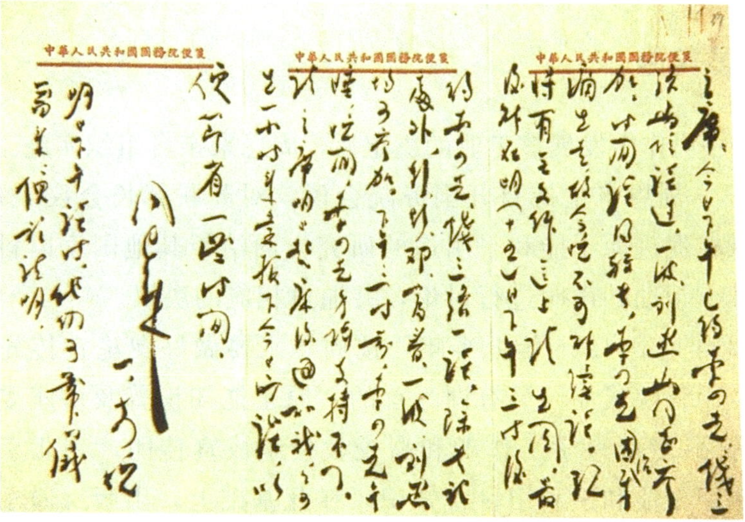

周恩来呈送毛泽东报告的手迹

1955 年 1 月 15 日，毛泽东在中南海主持召开中共中央书记处扩大会议。出席会议的有刘少奇、周恩来、彭真、邓小平、李富春、薄一波等。会议听取李四光、刘杰、钱三强汇报，观看铀矿石标本探测的现场演示，研究中国发展原子能事业的问题。毛泽东听完汇报后，十分高兴地说：“我们国家大，现在已经知道有铀矿，进一步勘探一定会找出更多的铀矿来。解放以来，我们也训练了一些人，科学研究也有了一定的基础，创造了一定的条件。过去几年其他事情很多，还来不及抓这件事。这件事总是要抓的。现在到时候了，该抓了。只要排上日程，认真抓一下，一定可以搞起来。”毛泽东强调说：“现在苏联对我们援助，我们一定要搞好！我们自己干，也一定能干好！我们只要有人，又有资源，什么奇迹都可以创造出来！”会后，毛泽东请与会人员吃饭，举杯祝酒说：“为我国原子能事业的发展干杯！”

这是一次对中国核工业具有重大历史意义的会议，作出了中国要发展核工业的战略决策。正如毛泽东后来指出的，中国进入了“开始要钻原子能这样的历史的新时期”。此后，1955 年 1 月 15 日成为中国核工业创建的标志性时间。

三、部署实施

中共中央作出发展核工业的决定后，周恩来亲自组织实施。1955 年 1 月 31 日，周恩来主持召开国务院会议，对苏联部长会议 1 月 17 日关于苏联在促进原子能和平用途的研究方面给予其他国家以科学、技术和工业上帮助的声明进行讨论，并通过相应的决议。

1954 年底到 1955 年上半年，按周恩来要做好舆论宣传先行工作的批示，中科院成立以吴有训为首的“原子能知识普及讲座委员会”，钱三强等 20 多位科学工作者和高校教授组成宣传团，到北京和全国各地宣讲原子能和平利用科普知识。在此基础上，出版《原子能通俗讲话》《原子能的原理和应用》等科普书籍，拍摄原子能科普幻灯影片。

1955 年 2 月 15 日，为执行中苏签订的铀矿普查勘探协议而设立的中苏委员会在北京成立并召开第一次会议，刘杰担任主席。4 月 2 日，地质部第三局成立，为中苏委员会的执行机构，雷荣天任局长，主管铀矿地质勘探工作。

1955 年 7 月 1 日，国务院决定设立国家建设委员会建筑技术局，刘伟任局长，直接负责包括“一堆一器”在内的核基地建设和各类人员的选调工作。

为了加强对原子能事业的领导，1955 年 7 月 4 日中共中央指定陈云、聂荣臻、薄一波组成三人小组，负责指导原子能事业发展工作。同时明确，有关原子能事业具体业务由国务院第三办公室管理（简称国务院三办）。

1955 年 9 月，《关于我国制定原子能事业计划的一些意见》出台，并于 12 月修订成《关于 1956 年至 1967 年发展原子能事业计划大纲（草案）》。《大纲》以建设一批生产和动力两用反应堆为中心，提出了发展中国核工业的设想。

1956 年上半年，中共中央、国务院把发展原子能事业作为经济建设和国防建设的一项重要任务，列入 1956 年到 1967 年科学技术发展远景规划。中共八大通过的关于发展国民经济第二个五年计划的建议，也把发展原子能事业作为经济建设的一项重要任务。

1956 年 11 月 16 日，第一届全国人大常委会第五十一次会议通过决议，设立第三机械工业部（简称三机部），具体组织领导核工业的建设和发展工作。首任部长宋任穷，副部长刘杰、袁成隆、刘伟、雷荣天、钱三强，部长助理张献金、何克希。1958 年 2 月 11 日，第一届全国人大第五次会议决定将三机部改名为第二机械工业部（简称二机部）。

中央有关部门从多方面采取有效的措施，解决了核工业建设与发展所需的大批科技人员、工人和管理干部。

第一，由刘杰、张劲夫、钱三强、黄松龄、李元相、唐宗愚、蒋南翔、江隆基等组成领导小组，加强对培养原子能事业技术人才工作的领导。

第二，1955 年夏天，教育部在北京大学成立物理研究室（后改名为技术物理系），并调浙江大学胡济民、北京大学虞福春、东北人民大学朱光亚、复旦大学卢鹤绂负责组织筹办。1956 年，清华大学开办工程物理系，由何东昌负责。1958 年，中科院在中国科技大学开办原子核物理和放射化学系，赵忠尧兼任核物理系主任，杨承宗兼任放射化学系主任，科研、教学、实验和毕业实习由原子能所负责。这三所学校为核工业输送了大批毕业生。1955 年到 1958 年，教育部先后选调几百名高年级的学生分别集中在北京大学、清华大学及兰州大学，改修原子能各专业学科，抽调部分优秀教师进修原子能专业，聘请苏联专家来华讲学和培养师资力量。

第三，蒋南翔和钱三强负责在苏联和东欧的中国留学生中挑选百余名学生，改修核科学和核工程技术专业。

第四，派科技人员赴苏实习。1955 年 10 月 19 日和 11 月 4 日，钱三强、冯麟率彭桓武、何泽慧、黄祖洽、力一、连培生、谢羲、王传英、杨桢等 39 名科技工作者（包括在苏联留学生 13 人）分两批赴苏学习核反应堆、加速器的原理和操纵及其仪器制造和使用。

第五，中共中央发出专门通知，从各地方、部门、军队抽调管理骨干到核工业各条战线工作。

第二章

核工业产业体系的基本建成

在党中央的坚强领导、科学部署和全党、全军、全国各族人民大力协同下，中国核工业自 1955 年创建至 1978 年，建成了比较完整的产业体系。中国成为世界上为数不多拥有完整核工业产业链的国家，核工业在国防和国民经济建设中发挥了重要作用。

第一节　核工业产业建设的主要历程

苏联援助在中国核工业起步阶段发挥了重要作用，但其单方面毁约停援也给核工业建设带来了很大损失和困难。核工业坚决贯彻执行中共中央关于“自力更生为主，争取外援为辅”和“全面自力更生”的方针，培养人才，掌握技术，开辟了一条正确道路，为核武器研制和核能和平利用奠定了基础。

一、苏联对初创期中国核工业的援助

1955 年到 1960 年，中国核工业建设曾得到苏联的技术援助。中苏两国政府前后共签订了六个协定，苏联援助的范围和内容逐步扩大。很多苏联专家来到中国，积极热情地帮助中国核工业的建设与发展。

1955 年 1 月 20 日，中苏两国政府签订由两国合营，在中国境内进行铀矿普查勘探的协定。协定规定，对有工业价值的铀矿床，由中国方面组织开采，铀矿石除满足中国自己的发展需要外，其余均由苏联收购。1956 年 12 月 19 日，经两国政府商定，将原来的两国合营改为苏联提供技术援助、中国自主经营，重新签订了协定。

1955 年 4 月 27 日，中苏两国政府签订了关于苏联援助中国发展原子核物理研究与和平利用原子能的协定，建造一座功率为 7000 千瓦的研究性重水反应堆和一台直径 1.2 米的回旋加速器。

1956 年 8 月 17 日，中苏两国政府签订了关于苏联援助中国建设原子能工业的协定，由苏联援助中国建设一批原子能工业项目和核科学技术研究实验室。1958 年 9 月 29 日，两国政府签订了补充协定，对每个项目的规模、设计完成期限和设备供应期限都作了具体规定。

1957 年 10 月 15 日，中苏两国政府在莫斯科签订了关于国防新技术的协定。协定规定，为援助中国研制原子弹，苏联将向中国提供原子弹的教学模型和图纸资料。

刘杰（右一，1960 年担任二机部部长）与苏联专家交谈

1958 年至 1960 年，苏联援助为中国核工业建设提供了有利的外部条件。二机部把学习与独创很好地结合起来，“边干边学，建成学会”，切实做好“消化、吸收”工作，逐步达到全面掌握。二机部这些具体工作方针，受到了毛泽东的赞扬并多次作出批示，“四海之内皆兄弟”，要“尊重苏联同志，刻苦虚心学习。但又一定要破除迷信，打倒贾桂，贾桂（即奴才）是谁也看不起的”。

二、“全民办铀矿”的作用与问题

1958 年到 1960 年，二机部先后提出“全民办铀矿”“大家办原子能科学”的口号并在全国推行，发挥了一定作用，也带来了一些问题。第一，广泛宣传了原子能科学技术，进一步激发了人民群众建设核工业的热情和信心。第二，获得“土法”冶炼的重铀酸铵，为核燃料生产提供了原料，赢得了时间。第三，促使各省市建立了一批核科研机构。第四，推动了同位素和核技术的应用。但这两个口号带有很大的盲目性，导致指标过高、要求过急、布点过多、战线过长，造成一定损失和浪费。

三、苏联毁约停援造成的困难

1959 年 6 月 20 日，苏共中央致信中共中央，提出暂缓提供原子弹的教学模型和图纸资料，两年以后看形势发展再说。1960 年 7 月 16 日，苏联政府照会中国政府，决定自 1960 年 7 月 28 日到 9 月 1 日，撤走全部在华苏联专家。8 月 23 日，在中国核工业系统工作的 233 名苏联专家带着重要的图纸资料全部撤走回国，设备、材料的供应也随即停止。

苏联单方面全部毁约停援，给中国留下一批半截子工程，严重影响了整个核工业建设的进行，经济上也蒙受了很大损失。其一，在建设进度上，一些即将建成的工程项目不得不推迟建成投产的时间，另一些正处在土建施工高潮的工程项目被迫停工。其二，在工程设计方面，一部分已经完成或基本完成的项目文件资料不完整，技术存疑、图纸差错的问题很多；还有一部分工程项目的设计完成很少，不得不重新开始。其三，在设备、材料方面，已经供应的设备中一般设备多、关键设备少、配套性差，未到货的多是关键设备以及新型材料。其四，在技术资料和操作方面，由于不少重要资料被苏联专家带走，带来不少困难。

四、全面自力更生方针的实施

苏联毁约停援后，中国核工业建设进入全面自力更生的新阶段。1960 年 8 月 9 日，二机部发出“为在我国原子能事业中彻底实行自力更生方针而斗争”的电报指示，要求全体职工坚决响应党中央“奋发图强、自力更生”的号召，从思想上、组织上和工作方法上来个大转变。1960 年 8 月和 12 月，二机部两次召开工作会议，具体分析核工业建设的形势，明确提出“自力更生，过技术关，质量第一，安全第一”的工作方针及各项原则与措施。

核工业建设实行全面自力更生主要有两大问题：一是对核工业建设的客观规律认识得还不够；二是科技力量、工业基础不完全适应核工业建设要求。为摸清核工业各条战线存在的具体问题，二机部组织十几个工作组到基层调查研究。各单位普遍开展了“清力量、清资料、清设备、清材料”的活动，从而能够更准确地提出工作要求。

1961 年 5 月 8 日，二机部向中共中央呈送《关于当前若干问题的请示报告》，并提出若干建议和请求。1961 年 7 月 16 日，中共中央作出《关于加强原子能工业建设若干问题的决定》（简称《决定》），强调：“为了自力更生突破原子能技术，加强我国原子能工业建设，中央认为有必要进一步缩短战线，集中力量，加强各有关方面对原子能工业建设的支援。”具体指出：一是加强核工业的技术力量和领导力量；二是加强核工业所需设备、仪表的生产、试制和配套；三是解决工业卫生和防护医疗问题；四是为了保密和保证运输及时，将核工业系统的物资运输一律列为军运。《决定》发布后，有力推动了各方面对核工业建设的支援。各有关部门发扬社会主义大协作精神，积极从人力、物力以及工作安排上优先支援核工业建设。

1960年至1962年，中国出现了暂时的困难，已经全面铺开建设的几个核工业重点工厂又都处在最困难的地区。广大干部职工下定决心，排除万难，坚持把核工业建设搞上去。位于青海高原的西北核武器研制基地和位于甘肃戈壁滩上的酒泉原子能联合企业的主要领导人李觉、周秩等，想方设法保留队伍，率领全体职工坚持战斗在施工现场。当生活上暂时遇到困难，他们就打骆驼草籽、开荒种地、打猎捕鱼。当时，中共中央、国务院对核工业战线给予了巨大关怀。在最困难的1960年，国家一次拨给西北三厂数百万斤黄豆。青海省政府给西北核武器研制基地调拨了2万只羊。商业部和解放军总后勤部在甘肃兰州成立二级批发站，加强西北地区核工业的生活资料供应。

核工业重点工程建设项目在困难时期不仅没有停顿，还加快了前进步伐。二机部明确以攻克技术难关为工作重心，一是高度集中使用有限技术力量，采取科研（设计）、基建、生产“三结合”和领导、技术人员、工人“三结合”方式，围绕技术难关实行总体战。二是充分发挥技术干部作用，保证他们有充足时间和条件从事技术攻关。三是为确保质量与安全，对进口的设备仪器和特殊材料，从运输、保管到安装调试运行，都精心组织，谨慎从事。四是对重大技术问题的研究，一切经过试验，不打无把握之仗，不准盲目蛮干。

五、中央15人专门委员会的成立及作用

1962年10月19日，中共中央政治局常委会在听取国防工办关于原子能工业生产建设和原子弹研制情况的汇报时，刘少奇提出：各方面的配合很重要，中央要搞个委员会，以加强这方面的领导。据此，罗瑞卿在10月30日给中共中央、毛泽东呈送《关于加强原子能工业领导问题的报告》，建议在中央直接领导下成立一个专门委员会。11月3日，毛泽东批示：“很好，照办。要大力协同做好这件工作。”11月17日，中共中央决定成立“中共中央十五人专门委员会”（简称中央专委），在国防工业办公室设立了办事机构。

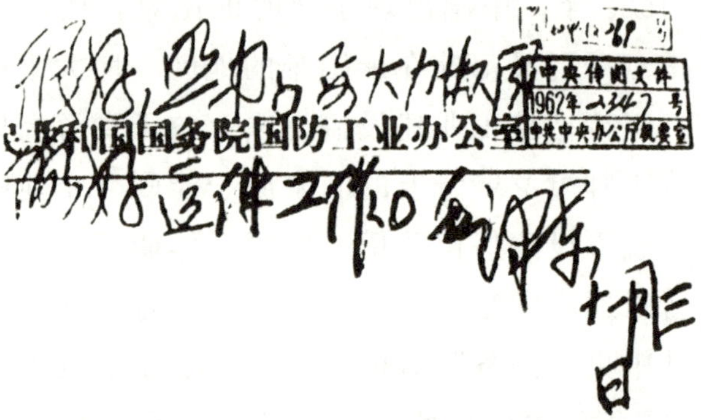

毛泽东批示同意成立中央专门委员会的手迹

中央专委由国务院总理周恩来任主任，成员有副总理贺龙（兼国防工委主任）、李富春（兼国家计委主任）、李先念（兼财政部部长）、薄一波（兼国家经委主任）、陆定一（兼中宣部部长）、聂荣臻（兼国防科委主任）、罗瑞卿（兼国防工办主任）和国务院、中央军委有关部门负责人赵尔陆（国防工办常务副主任）、张爱萍（副总参谋长、国防科委副主任）、王鹤寿（冶金工业部部长）、刘杰（二机部部长）、孙志远（三机部部长）、段君毅（一机部部长）、高扬（化工部部长），罗瑞卿兼任专委办公室主任。

毛泽东“要大力协同做好这件工作”的指示，是总动员令；周恩来亲自主持的中央专委是组织执行这个总动员令的总指挥部。从此，核工业建设和核武器研制进入一个新阶段，各项工作步伐大大加快。中央专委从成立到第一颗原子弹装置爆炸成功之前的这段时间内，召开多次会议，讨论解决100多个重大问题。首先，抓了组织领导和“两年规划”落实问题。其次，对二机部提出的各项生产、科研、建设中的问题，中央专委都一一审查，研究解决。

中央专委工作浸透着周恩来的心血。他亲自主持每次专委会。先后指出：二机部的工作要“实事求是，循序渐进，坚持不懈，戒骄戒躁”，要有“高度的政治思想性，高度的科学计划性，高度的组织纪律性”。周恩来对核武器试验提出了指导方针和全面、细致的要求：

“严肃认真，周到细致，稳妥可靠，万无一失”“一次试验，全面收效”“边试验、边定型，定型合格后再小批生产，保证质量，装备部队，以利战备”；要及早解决两弹的结合问题（即核弹头与导弹结合的问题）等。这些指示，抓住了核工业实际工作中的要害问题。他对核工业战线广大科技人员、干部和工人关怀备至。周恩来为中国核事业辛勤操劳，呕心沥血，作出的丰功伟绩将永垂青史。

六、核工业的“三线建设”

“三线建设”始于20世纪60年代初，是党中央根据当时的国际形势和中国的社会经济及自然条件而作出的重大战略决策，是在中国中西部地区进行的一场以战备为中心的大规模国防、科技、工业和交通基本设施建设，是一次极大规模的工业迁移过程，为增强国防实力、改善生产力布局和中西部地区工业化作出了极大贡献。

在中国核武器研制过程中，美国曾几次试图对中国核设施进行打击和破坏，核工业重点工厂和科研单位必然是敌对势力的重点袭击目标，亟需调整布局。二机部于1963年11月提出在三线地区进行核工业建设的报告，中央专委决定从1964年开始选择厂址，争取尽快新建一批核工业科研、生产基地。

核工业“三线”企业的选址工作于1964年3月上旬开始，先后踏勘71个县、234个点。1965年5月，中央专委原则批准核工业“三线建设”第一批项目的厂址和建设方案。以后，有的厂在施工过程中发现厂址条件难以满足工艺要求，需要进行调整。1965年11月6日，邓小平等中央领导到新选厂址察看并同意新址，1966年1月经中央专委正式批准后这些工厂改在新址建设。

1964年10月，二机部作出关于认真总结“一线”工程建设经验的决定，要求各单位在总结基础上提出三线各厂建设方案和改进意见。新建工程除在生产线组成方面有较大改变外，还采用470多项比较重要和行之有效的技术改进与革新，增加生产、运输的安全可靠性，工艺流程更加合理，操作运行更加方便。

1965年春，二机部成立核工业“三线建设”指挥部。二机部副部长刘淇生、牛书申先后任总指挥。各建设现场也由设计、生产、施工单位组成建厂指挥部。1965年4月，第一批队伍数百人开始进入三线，随后大批施工队伍共数万人，包括土建、安装、坑道、地质勘测、机械加工等也陆续调到三线。

1969年，杨唯青带领部分建设者，从戈壁到四川深山，建设八二一工程。从此，核工业“三线建设”全面展开，而四川是核工业“三线建设”的重点地区。

七、地质、矿山系统的“工改兵”

1971年9月10日，国务院、中央军委确定核工业地质、矿山系统部分单位“工改兵”试点方案，将辽宁、广东、四川、浙江等省的铀矿地质、矿山队伍整编为基建工程兵部队，归军区建制领导，二机部负责制定规划、计划、投资和国家统配物资的分配、产品调度、生产、基建的技术指导和经验交流。辽宁铀矿地质、矿山单位于1971年10月4日整编为基建工程兵第二〇一师，广东铀矿地质、矿山单位于1971年11月17日整编为基建工程兵第二〇三师，四川铀矿地质队于1971年11月25日整编为基建工程兵第二〇五师。此外，1971年3月5日，南京军区在安徽组建第六〇七团，负责安徽、江苏两省铀矿勘查和开采。“工改兵”未能全面推行，后来管理体制又变化过两次。

铀矿地质“工改兵”各单位在存续的12年中，坚持“劳武结合，能工能战，以工为主”的方针，担负辽宁、吉林、黑龙江、广东、福建、安徽、江苏、四川八省以及内蒙古、浙江、江西、湖北部分地区的铀矿勘查工作，为中国铀矿地质事业作出了重要贡献。铀矿冶部队形成一支政治素质较好、有战斗力的队伍，确保了矿冶任务的完成。部队干部战士平均年龄由“工改兵”前35岁下降到25～26岁，缩短了在矿山服务年限，控制和避免了职业病发生。但人员流动较快给生产、技术骨干的稳定带来一定困难，重复设立管理机构也不利于行业归口管理。

八、“文化大革命”对核工业的干扰和中央的保护措施

“文化大革命”初期，运动波及核工业，毛泽东、周恩来等对核工业采取了一系列保护措施。1967 年 3 月到 11 月，毛泽东、周恩来、叶剑英、聂荣臻等中央领导人，向核工业主要生产厂、研究所、建设工地签发 22 份电报，指出这些单位的“文化大革命只能在业余时间进行”，各个群众组织必须“按行政单位调整改组”“不准夺权”“不准停产”“不准串联”“不准武斗”“保证工厂绝对安全，保证工厂稳定生产”。同年 6 月底到 8 月中旬，中央三次派出调查组，到酒泉原子能联合企业和西北核武器研制基地了解情况，制止武斗。1967 年 5 月，中央决定对核工业系统实行军事管制，直到 1973 年 7 月撤出。“文化大革命”对核工业发展方针、规划计划、组织体制、工作部署的严重干扰和对核工业科技人员、职工队伍的伤害，给以后调整工作带来诸多困难。

1969 年 7 月 28 日，二机部召开紧急会议研究中共中央副主席林彪提出的“一线”工厂搬迁问题。刘伟、李觉、姜圣阶等认为，核燃料工厂特别是生产反应堆不能搬迁。1969 年 8 月 12 日，周恩来在中央专委会上明确指出：“‘一线’工厂不能搬，要继续生产，加紧生产，力争多生产，多储备。”

第二节 铀矿地质工作的全面展开

一、铀矿地质队伍的组建

1955 年 4 月，中国铀矿勘查专门机构地质部第三局成立，即后来

的二机部三局。1955 年 2 月至 1959 年 1 月，二机部第三局相继在湖南长沙、新疆乌鲁木齐、四川重庆、山西太原、吉林长春、江西南昌分别组建三〇九队、五一九队、二〇九队、一八二队、四〇六队、六〇八队，后来发展为中南、西南、华南、西北、东北、华东六个区域性地质勘探局。至 1959 年底，这些区域性队先后组建起县团级建制的地质分队 60 多个（其间有部分分队撤并），职工队伍总数达 3 万多人，规模浩大的铀矿地质专业队伍在全国的布局基本形成。

1959 年，二机部部长宋任穷（右三）到新疆五一九队检查指导工作

1956 年 10 月，地质部第三局组建仪器设计所，负责研究设计核辐射探测器和核仪器。1957 年新建上海电子仪器厂，负责辐射探测器和核仪器的生产。此外，还在华东电子管厂扩建了专业车间，生产计数管和光电倍增管。这些单位很快形成批量生产能力，使铀矿找矿仪器逐步实现国产化。

1956 年至 1961 年，三〇九队、五一九队、四〇六队、六〇八队、一八二队先后创办机械修配厂，后来大多发展为钻探设备制造厂。1971 年二〇九队在四川新都创办修配厂，1973 年二〇七指挥部在甘肃天水创办国营二〇七厂，1978 年二机部第三局在天津宝坻创办国营二三二厂。以上企业形成了较为完备的钻探设备制造体系。

1959 年 3 月 18 日，二机部第三局第三研究所（简称北京三所）成立，即核工业北京地质研究院（简称核地研院）的前身。1961—1962 年在撤销分散在各队的航测分队之后，于 1963 年 4 月 15 日成立二机部第三局北京七〇三航测队（简称七〇三航测队），即核工业航测遥感中心的前身。

根据工作需要，二机部三局及所属单位创办了一些学校、医院和疗养院等。

二、铀矿地质勘查的开展

1955 年，发现了一大批放射性异常点，其中可进行勘探的 11 处。1958 年，正式向国家提供了第一批铀矿工业储量。到 1960 年，先后提供开采基地 8 个，基本满足全国第一批铀矿山建设的需要。

地质工作者勘测铀矿资源

1962—1972 年，大力加强普查，研究成矿规律以指导找矿，努力扩大成果。主要成果是：对花岗岩型铀矿成矿规律的认识进一步深化，发现了不少新矿床，铀储量显著增长；初步认识了火山岩型铀矿床的重要性；首次提出碳硅泥岩型铀矿床的淋积成因说。

20 世纪 70 年代，开始运用综合找矿方法，开展“攻深找盲”。主要成果是：对火山岩型铀矿床的认识趋于成熟，发现多种新矿物；在华东、东北中新生代砂岩以及在滇西地区第三系含铀煤和砂砾岩中发现一批铀矿床，使砂岩铀矿成为中国主要铀矿类型之一；“攻深找盲”的方法和手段取得重要突破。

三、铀矿地质科研的逐步深入

随着铀矿地质工作的发展，矿物岩石、同位素地质的研究逐步深入，实验地质、数学地质、遥感地质等专业也相继产生并不断发展。1975 年以后，中南地勘局二三〇研究所王志雄等发现新矿物芙蓉铀矿、湘江铀矿，北京三所先后发现斜方钛铀矿等新矿物。20 世纪 70 年代后期开始进行稳定同位素研究，为探索矿液和矿质来源、追索岩石的含铀量提供了佐证。20 世纪 70 年代中期引进电子计算机和数学地质方法，对铀矿地质由定性到定量研究有很大促进。

在找矿方法和手段研究上，着力老方法改进和新方法研究和应用。1975 年北京三所吴慧山等人研究成功径迹蚀刻找矿方法，在全铀矿地质系统得到推广。1976 年，崔焕敏等人研究应用浅层地震法寻找隐伏的含矿层和构造，探测深度可达 100～300 米。自 20 世纪 70 年代以来，采用氧化还原电位、注盐、光电等方法测定了地下水流向，开展钻孔抽水和定深取样的深部找矿方法研究，室内分析测试技术和铀矿地质情报工作进展明显。

第三节　核工业第一批厂矿与“三线”企业的建设

一、第一批铀矿山、水冶厂的建设

1956年8月至1957年初，二机部先后确定了第一批建设的湖南郴县铀矿、湖南衡山大浦铀矿和江西上饶铀矿三个矿山以及湖南衡阳铀水冶厂（现中核二七二铀业有限责任公司）的项目和厂址。1958年5月31日，中央委员会总书记邓小平批准上述厂、矿（简称“三矿一厂”）以及其他核工业第一批企业的选址报告。从1958年5月起，这批铀矿采冶工程项目陆续开工建设。另外，江西抚州铀矿、广东翁源铀矿、贵州开阳铀矿、辽宁本溪铀矿、湖南湘南机械修造厂、湖南衡阳四一五医院、湖南衡阳矿冶工程学院等7个项目也开始筹建。到1963年10月，“三矿一厂”除湖南衡山大浦铀矿尚未竣工外，其余建成投产并形成生产能力，主要配套工程也相继建成或基本建成。之后，又新建一批铀矿山和铀水冶厂。

铀矿的开采和冶炼工作，先是由冶金工业部（简称冶金部）有色金属管理局兼管。1958年1月，冶金部成立第三司（该机构划归二机部后改称二机部第十二局），专门负责这方面的工作，之后，成立了新疆、中南两个矿冶公司和江西矿务管理局，组建了北京铀矿选冶研究所（后改名为核工业北京化工冶金研究院，现中核矿业科技集团有限公司）、铀矿冶设计研究院（后改名为中核第四研究设计工程有限公司，现中核矿业科技集团有限公司）和铀矿开采研究所（后改名为核工业第六研究所）。铀矿冶队伍是从全国选调了1万多名干部和工人（包括近千名工程技术人员）组建起来的。

二、第一批核燃料厂和核武器研制基地的建设

1957 年下半年，开始选取核燃料厂厂址，建工部从所属单位抽调人员组成北京第三工业建筑设计院（1958 年 10 月改为二机部核工程研究设计院，后改名为核工业第二研究设计院，现中国核电工程有限公司）。1959 年 4 月，设计院基本完成铀浓缩厂施工图设计。

1958 年下半年，内蒙古包头核燃料元件厂（现中核北方核燃料元件有限公司）、甘肃兰州铀浓缩厂（现中核兰州铀浓缩有限公司）、酒泉原子能联合企业、西北核武器研制基地等中国核工业的首批主要工程项目的基础工程和附属工程，都陆续开工。

刚毕业的大学生准备奔赴位于戈壁滩的四〇四厂

1959 年是核工业建设大发展的一年。核燃料生产和核武器研制两个系统完成几万人的调集与队伍组建，基本建设工作量比 1958 年增加 7 倍。兰州铀浓缩厂完成了以主厂房为中心的厂区 8 项工程，到年底具备设备安装条件。1960 年 8 月底，兰州铀浓缩厂已经安装了部分

机组。1962 年 11 月，该厂主辅工程全部配套安装完毕。

西北核武器研制基地是规模宏大、技术复杂的工程。它包括有几十个工程项目，安装的设备种类繁多，数量巨大，技术要求高、难度大。中央专委决定加强施工力量，调集建工部、铁道部、交通部、水电部、工程兵、通讯兵等 13 个部门和兵种的一批施工队伍，与先期在现场的二机部一〇三和一〇四两个公司会合，并组织了施工现场指挥部，由李觉任总指挥，全力进行突击抢建的基建大会战。1963 年 3 月开始施工准备，5 月工程全面铺开，到 1964 年基地即基本建成。

科研攻关

在核工业建设起步中，在正确处理争取外援与自力更生、建设规模与国力适应、干与学、学与创等一系列问题上，采取的政策和措施比较得当，收到较好效果。建设规模上，从尽量缩小规模、减少投资，而又能保持最低限度的完整核工业体系的基本要求出发，提出规模小而门类全的建设方案，比原方案减少 40%。工程设计方面，把主工艺与辅助工艺设计区别开，主工艺由苏联提供，辅助工程自行开展。设备供应方面，辅助工程设备由国内制造配套。在干与学的问题上，提倡既要虚心向苏联专家学习，又要善于独立思考。

湖南郴县铀矿

湖南衡山大浦铀矿

江西上饶铀矿

湖南衡阳铀水冶厂

北京铀矿加工实验室（创建初期）

甘肃兰州铀浓缩厂

内蒙古包头核燃料元件厂

甘肃酒泉原子能联合企业

西北核武器研制基地

核工业第一批厂矿外景

三、核工业仪器仪表和专用设备生产企业的建设

1956 年 10 月，地质部第三局组建仪器设计所进行研究设计核辐射探测器与核仪器，并于 1957 年新建上海电子仪器厂进行这类仪器的工业生产。同时，在华东电子管厂扩建专业车间，生产计数管和光电倍增管，建立了生产军用辐射剂量仪器的四川建安仪器厂。这些研究生产单位的建立，是中国核仪器设备制造业的开端。

1958 年，核仪器设备制造业提出争取新建核工程采用国产仪器设备的奋斗目标。为此，开始抽调科技人员和技术工人，充实专业技术队伍，着手起草核仪器设备国产化的方案，很快就取得了进展。例如，上海电子仪器厂建厂一年便开始批量生产计数管式轻型测井仪、室内分析用氡气仪。

从 1961 年下半年至 1963 年，北京综合仪器厂（后改名为北京核仪器厂，现中核控制系统工程有限公司）、上海市光华仪表厂及上海电子仪器厂、天津市钻镗床厂、苏州阀门厂（现中核苏阀科技实业股份有限公司）先后划归二机部。同时，二机部在三局仪器设计所和北京核工程研究设计院仪表自动化研究室的基础上组成第十研究所，并以苏州医学院生物显微镜车间为基础建立了苏州光学仪器厂。至此，连同原有的辽宁大连机器制造厂、新建的湖南衡阳矿山机械厂，初步建立起核仪器设备制造生产体系。

20 世纪 60 年代初期，核仪器仪表研制取得重大进展，为 1964 年 10 月中国进行第一颗原子弹爆炸试验提供了核辐射探测器件、卤素管、有机计数管和快中子塑料闪烁体、碘化钠闪烁体等产品。1965 年，为中国第一个生产堆研制生产了新的晶体管化的堆控制器。

1961 年，二机部成立设备制造局。一机部也指定所属 3 个局主要负责原子能设备制造，冶金工业部、化学工业部、电子工业部、轻工业部和中国科学院等分别指定专门机构或人员，开展核工业所需特殊材料、仪器设备的科研和生产工作。

1961年12月，一机部、二机部联合拟订的《关于加强原子能工业设备的七年规划》确定：第一步试制生产和供应核工业首批工程建设中所需配套设备和备品，第二步是继续完成三线工程所需设备，两部建立了联合领导小组。1962年3月，分别成立了石墨轻水反应堆和扩散机设备领导小组。

从1962年春天开始，一机部和二机部在相关部委的支持及配合下，展开了一场以制造铀同位素分离工厂用的扩散机及分离膜和石墨轻水堆成套设备为主的设备大会战。经过几年努力，按规划进度如数提供了质量合格的设备，实现了“三年掌握、五年突破”的目标。

1969年，建立了制造专用核设备的西安机器设备制造厂（现中核集团西安核设备有限公司）、生产核仪器和热工仪表的西安核仪器厂（现西安中核核仪器有限公司）和武汉光明仪表厂。1970年，新建了江西南昌铀矿山设备制造厂，并将原属建工系统的峨嵋汽车修理厂改建为核工业特殊运输车辆工厂。同时，一机部在四川扩建了东风电机厂，新建了东方红机械厂，对一些老企业也进行了技术改造。

这些新企业连同原有企业，在“文化大革命”期间为陆上模式堆和核潜艇动力装置、高通量工程试验反应堆等新建反应堆工程提供了成套设备，完成了大型扩散机的研制工作。二机部所属仪器设备制造厂，承担了核企业正常维修所需的全部非标准备品备件的生产，并先后研制出不同规格的多道分析仪等，填补了国家空白。

四、加速铀-235生产线的建设和投产

为及早获得制造原子弹的高浓铀装料，二机部把铀浓缩厂列为“一线”重点工程全力突击抢建。由于苏联的铀浓缩厂不接受中国的技术人员，为了培训人员，在铀浓缩厂建设的同时，在原子能所兴建气体扩散实验室，吴征铠任主任，王承书、钱皋韵任副主任，帮助工厂解决了许多技术问题，保障了工厂的启动。铀浓缩的技术含量极高，需要进行大量的理论计算和试验，为几千台设备运行提供技术依

据。理论物理学家王承书毅然改行，从钻研气体扩散理论知识，开办理论培训班做起，培养了中国铀同位素分离事业的第一批理论骨干，解决了工厂遇到的产品纯度问题、产品丰度问题以及出产品的时间问题。二机部领导深入现场指挥，在人力、物力上都给予优先保证，大大加快工厂建设进度。经中央批准，铀浓缩厂在王介福、张丕绪的带领下，于 1961 年 12 月开始试验性氟化处理。1964 年 1 月 14 日获得合格的高浓铀产品，比原设计方案提前 113 天，为首次核试验赢得了时间。这一成果上报中共中央后，毛泽东批示：“很好！”

六氟化铀是铀浓缩厂使用的生产原料，二机部责成铀矿选冶研究所和原子能所分别筹建试验性简易生产装置，制备二氧化铀、四氟化铀（这两项由铀矿选冶研究所承担）和六氟化铀（由原子能所承担），以解决铀浓缩厂投产的急需。铀矿选冶研究所只用 3 个月时间就完成二氧化铀简法生产装置的设计、土建和安装，并一次投料试车成功。同时，还建立一批杂质元素的光谱分析方法。四氟化铀简法生产装置，从 1960 年 10 月中筹建，两个月后便建成投产。原子能所的六氟化铀简法生产装置也于同年 10 月试生产，并获得合格产品。

五、钚和热核材料生产线建设

钚生产线主要包括生产堆和放射化工后处理厂两大项目。生产堆工程于 1960 年 3 月破土动工，但到 8 月后由于苏联撤走专家和停止供应一切技术资料和设备材料，工程建设不得不暂时停止。在全国大力支持下，建设者从清查设计和设备材料入手，大力开展材料设备的试制和研究试验，1962 年生产堆建设重新开工。经过四年多的艰苦努力，先后攻克了燃料元件、工艺管、主泵、低压密封片和水封装置等一系列工艺、材料、设备和工程的技术难关，使生产堆于 1966 年 10 月建成并开始物理启动，12 月开始提升功率，1967 年正式投入生产运行。

苏联提供的后处理厂初步设计采用沉淀法流程，其工艺繁杂、流程长、设备多，不锈钢用量大、废液量大、钚收率低，而且投产和生产运行费用高、建设周期长。对萃取法的工艺可行性和工程经济性论证结果表明，萃取法比沉淀法先进，具有投资少、成本低、钚收率高等优点。1964 年 5 月，二机部决定采取萃取法工艺。同年 12 月，在酒泉原子能联合企业先建一座中间试验厂。该试验厂于 1965 年 5 月破土动工，1968 年 9 月建成投产。中国第一座大型后处理厂于 1966 年 4 月动工兴建，1970 年 4 月建成投产。至此，中国建成了在世界上只是少数几个国家才拥有的比较完整的军用核燃料循环体系。

氘化锂-6 生产线由锂同位素分离、从重水电解制氘和氘化锂-6 合成等部分组成。1960 年，包头核燃料元件厂的土建工程基本完工。1961 年开始设备安装和调试。1964 年 6 月 9 日试车开始，9 月 17 日，第一批军用锂-6 产品问世。这条生产线为含有热核材料的原子弹爆炸试验和第一颗氢弹爆炸试验提供了热核装料，从 20 世纪 70 年代初开始进行了技术改造，提高了生产效率，改善了生产环境。

包头核燃料元件厂锂同位素分离装置

氚除了用作热核武器装料外，在工业、水文、地质、医疗、生命科学等科学研究中有着广泛用途。1966 年 7 月，二机部核工程研究设计院组织联合工作组完成生产线全部设计。由于生产线厂房是利用现成厂房改造，土建工程仅用 3 个月。1967 年初生产线基本建成，1968 年 5 月正式投入生产，拿出合格产品。1972 年又完成氘氚化锂-6 生产线的建设。1972 年开始进行重大技术改造。到 1979 年全部完成，形成一条产量高、耗能小、操作简便的全新工艺线。

六、“三线”企业的建成投产

20 世纪 70 年代初，核工业“三线建设”工程陆续建成投产。三线建设改变了核工业战略布局，扩大了核工业生产能力，提高了核工业技术水平，增强了国防力量。但“三线建设”限于当时的战备形势、经济条件等，过分强调厂址靠大山，布局要分散，生活设施低标准，造成生产布局上的不合理和工作、生活上的不便，给以后调整带来困难，影响了建设的经济效益。

八一二厂

第四节　核工业科研设施的建设与科研的进展

一、核科研机构的发展

1956 年 5 月 26 日，经中央批准在北京房山坨里地区兴建原子能科学研究新的基地。1956 年 9 月，经国务院决定，将正在建设的新基地与中科院物理所合并，仍称为中科院物理所。1956 年 12 月，经三机部党组与中科院党组联席会议决定，中科院物理所实行部、院双重管理，以部为主。

1957 年，杨澄中带领原设在中科院物理所的兰州物理室全部人员迁往兰州，成立中科院兰州近代物理研究所。之后，中科院相继组建了一些核科学技术研究机构。

1958 年 7 月 1 日，中科院物理所改名为中科院原子能研究所（简称原子能所，现中国原子能科学研究院），成为中国第一个多学科综合性原子能科学技术研究基地和科技人才培养基地，起到了“老母鸡”作用，派生了一批核科研机构。

1958 年前后，二机部分别成立第九研究所、北京铀矿地质研究所（现核工业北京地质研究院）和北京铀矿选冶研究所。

1961 年，为了及时了解世界核科技动态，二机部成立了情报局。1962 年，以原子能所放射生物研究室和放射化学研究室、技术安全室的一部分为基础，建立了北京工业卫生研究所。同年 7 月，经聂荣臻批示同意，该所迁往太原与华北原子能研究所、山西工业卫生研究所合并，成立辐射防护研究所（现中国辐射防护研究院）。1963 年，将原子能所的反应堆研究部和物理化学研究部分出，分别成立了反应堆工程技术研究所和理化工程研究所（后者现为核工业理化工程研究院）。1965 年，二机部以原子能所受控核聚变研究室、东北技术物理研究所受控核聚变研究力量为主，在四川乐山成立西南物理研究所（现核工业西南物理研究院）。1968 年在反应堆工程技术研究所的基础上，在四川建立西南反应堆工程研究设计院（现中国核动力研究设计院）。1980 年至 1984 年，核工业部又先后建立上海核工程研究设计院、上海金属粉末材料厂（现核工业第八研究所）、北京计算机应用研究所、核工业标准化研究所。

1980 年，由钱三强、王淦昌、朱光亚等科学家倡议发起的中国核学会正式成立。

到 1984 年底，核工业部科研系统的工作人员达 38 600 人，其中科技人员 15 900 人；部属科研机构 19 个，研究设计单位 6 个；厂矿所属的科研机构 20 个，形成了比较完整的核科学研究体系。

二、“一堆一器”等大型核科研设施的建造与投运

1958 年春，苏联援助的研究性重水反应堆和回旋加速器（简称“一堆一器”）先后建成，6 月 13 日反应堆达到临界。9 月 27 日上午，陈毅、聂荣臻等党和国家领导人参加了在工程现场举行的移交生产典礼。“一堆一器”的建成使用，标志着中国进入原子能时代。为此，《人民日报》发表《大家来办原子能科学》社论，邮电部发行两枚纪念邮票。

与此同时，自主设计制造的 2.5 兆电子伏质子静电加速器建成投入运行。

1959 年，建成 1 台 100 千伏的高压倍加器。1963 年，谢家麟主持建成 30 兆电子伏电子直线加速器。另外，自主研制的中子谱仪、零功率装置、磁镜型绝热压缩等离子体实验装置等重要仪器设备设施 50 台件也先后交付使用。中国核科学研究的技术装备和实验手段有了比较显著的改善。

第一座重水反应堆

第一台回旋加速器

1960—1964 年，一座游泳池式元件材料试验堆和一座利用同一原型修改的屏蔽试验堆，分别在原子能所和清华大学核能技术研究所建成。20 世纪 70 年代，西南反应堆工程研究设计院设计、建造了高通量工程试验堆。1984 年 3 月，原子能所研制成功中国第一座微型反应堆。

三、核科学技术研究的推进

1958—1960 年，核科研技术人员一边研制实验设备，一边利用反应堆、加速器和自己建造的仪器设备，开展科研工作。这个时期，核科研工作大致可分三大类：(1) 在任务带动下，开展了一批新核科学技术研究。(2) 围绕核工业发展需要，开展了一批预先研究。(3) 开展了大量应用研究和基础研究。为了探索新能源，开展了受控核聚变的理论研究和实验设备的建立，这是当时国际上颇受重视的一项新能源的研究工作。王承书、李正武、钱皋韵在等离子体物理研究方面取得了初步成果。

经过这一时期的发展，核科学技术的主要学科都逐步建立并开展了工作，仅原子能所就从之前的 6 个学科发展到 22 个学科、60 个学科分支。这个时期的研究工作，为中国进一步发展核科学技术奠定了基础，为解决核工业建设中的重大技术关键问题做了技术储备和人才储备，输送了大批技术人才。

在 1960—1966 年期间，中国核科学技术研究贯彻“自力更生，过技术关”的方针，为保证第一颗原子弹和第一颗氢弹的研制成功作出了重要贡献。原子能所以任务为纲，绝大部分力量都转入了为核工业建设、为突破“两弹”服务的轨道。1961 年前后，原子能所与二机部设计院、酒泉原子能联合企业通力合作，建成六氟化铀简法生产装置。原子能所以王方定为组长的铀化学组，在简陋的实验室里，研制成功第一颗原子弹点火中子源材料。此外，原子能所还完成了重要核数据的测量、大量有关核武器研制和性能测试等工作中需要的核电子仪器和探测器的研制，同时和二机部北京第九研究所、国防科委试验基地共同承担了核试验的燃耗测量任务。

1963年9月13日原子能所学术委员会第一次会议参加人员合影

第一排（左起）：王淦昌、李毅、柳大纲、邓照明、钱三强、李四光、吴有训、叶企孙、饶毓泰、周培源、施汝为、赵忠尧

第二排（左起）：刘书林、戴传曾、朱培基、肖健、忻贤杰、张家骅、吴姬康、何泽慧、力一、彭桓武、梅镇岳、汪家鼎、徐光宪、汪德熙、刘静宜、汪敏熙、彭士禄

第三排（左起）：宋少章、连培生、王承书、吴乾章、李德平、周光召、李林、黄祖洽、杨承宗、丁渝、关肇直、曹本熹、吴征铠、张沛霖、朱洪元

第四排（左起）；李寿枬、谢羲、苏振芳、蒋本沂、朱光亚、陆祖荫、屈志潜、钱皋韵、郑林生、胡济民、陈国珍、于敏、陈维敬、金星南、范玉庭

在突破“两弹”的技术攻关中，中国科学院和冶金、化工等部门的有关研究所及高等院校，都承担了大量攻关任务，作出了重要贡献。通过完成“两弹”攻关中的大量科技任务，核科技人员得到了极好的锻炼，形成了一支政治觉悟高、业务能力强、协作精神好、能够承担各种艰巨任务的科技队伍，为中国核科学技术的纵深发展奠定了扎实的基础。

“文化大革命”期间，尽管受到严重的干扰和破坏，但在中央领导的保护和广大科技人员的努力下，核科技研究工作仍然取得一些新的进展：第一颗氢弹爆炸成功、研制建成核潜艇陆上模式堆，开始工程试验反应堆的设计、施工和核燃料元件考验工作，为快堆研究建立了钠回路和零功率装置，核数据的系统编评工作开始起步并建立了全国核数据网，放射性医用同位素生产线建立起来，后处理工艺流程由三循环改为二循环获得成功，对原有的几台回旋加速器进行了技术改造，锗（锂）半导体探测器研制取得了初步成果等。

第五节　核燃料与反应堆生产工艺与技术的发展

一、铀矿采冶

20 世纪 70 年代，铀矿山建设的施工装备和技术水平都有很大提高。井下采矿技术经过不断改进，形成一套适应中国铀矿特点的回采工艺。此外，露天开采也收到较好成效，还掌握含铀煤开采技术，开展了地浸、堆浸试验。

在铀的提取与精炼方面，衡阳铀水冶厂对工艺、设备进行改造，1971 年矿石处理量和二氧化铀产量均超过设计能力的 32.5%。上饶铀水冶厂投产后不断改革工艺和设备并进行扩建，1972 年处理铀矿石比原设计增长 68%。

20世纪60年代末，研究成功具有国际先进水平的流态化洗涤设备。20世纪70年代以后，为降低硫酸消耗，提高铀浸出率和回收率，各铀水冶厂根据所处理矿石的特性采用新工艺，取得良好成效。

20世纪70年代以前，中国用镭主要靠进口。1973年，建立一座年处理50吨富铀矿石的提镭厂，满足了国内镭产品的需求。

在铀矿冶科研与设计方面，开展铀矿开采、通风与防护、选冶应用技术等研究，研究新设备，实现新工艺。注重综合评价和合理利用地质资源，择优选择矿井设计方案，设计铀水冶厂做到合理布局。

二、铀转化

20世纪60年代末，自行设计制成大型隔板冷凝器，用来代替立式刮刀冷凝器，具有占地面积小、布局集中、工艺简化、密闭操作和连续运行等优点，既是六氟化铀生产设备，又是产品容器，使生产成本大幅度降低。1970年，研制成功立式流态化氟化炉新工艺，为六氟化铀生产开辟新途径。随后又研制出锥型立式逆流氟化反应炉，提高了生产能力和金属回收率。制氟工艺也有新发展，建立了工业规模连续生产的中温电解制氟生产线。

四氟化铀干法生产工艺较湿法工艺有明显优越性，工艺简单、设备少、产量大、废物量少、占用场地小、易实现自动化操作等。采用干法工艺后，实现连续稳定运行，提高了四氟化铀转化率，氟化氢过剩量降到10%左右。

三、扩散技术的改进

分离膜是气体扩散机的核心部件，经中科院、二机部、冶金部、纺织部、上海复旦大学等单位的广大科技人员大力协同，仅用两年时间研制出第一代分离膜（甲、乙两种分离膜），装备了扩散机。分离膜生产厂于1967年1月生产出第一批合格产品。之后研制出质量、特性都更佳的丙、丁两种分离膜，大大降低生产成本。

兰州铀浓缩厂扩散机大厅

1964年4月开始，兰州铀浓缩厂开展技术革新，挖掘生产潜力，到1978年主机流量提高35%～47%，提前两年实现二机部提出的增产目标。1970年7月，自主研制的新型扩散机单机开始试验，随后经九年半时间研制定型，这一重要成果是由全国100多个单位共同协作完成的，把扩散技术推进到一个新高度。

四、核燃料元件制造

从1961年开始，包头核燃料元件厂完成了研究性重水反应堆、游泳池式研究试验堆、生产堆、核潜艇动力堆、高通量工程试验堆等多种类型燃料元件的研制和生产，满足了核工业科研生产的需要。

为了减少粉尘污染，减轻劳动强度，包头核燃料元件厂和沈阳金属所共同研究出一套α相轧制、γ相淬火的冷轧新工艺，并于1976年应用于生产。1972年，设计并制造出“端面专用半自动旋压车床”，保证了旋压质量，大大减轻了劳动强度。此外，还进行还原、精炼一体化的钙热还原新工艺研究，精简了工艺流程，缩短了生产周期。

五、乏燃料后处理

1970 年 4 月，军用后处理厂投入运行，工艺流程、在线分析技术、化工试剂消耗指标等均达到世界先进水平。此后，科研人员又为动力堆和研究试验堆乏燃料后处理，进行大量科研开发和设计准备。

六、核反应堆工程

中国反应堆工程自 1955 年从苏联引进研究性重水反应堆起步，走过了从进口到自制，从小功率低参数到大功率高参数，从研究堆、生产堆到动力堆，从军用到民用的发展过程。

原子能所为生产堆进行元件和材料考验所需的工程试验堆——492 游泳池式反应堆于 1960 年 1 月动工建造，1964 年 12 月 20 日达到临界。该堆是中国自己设计、建造的第一座反应堆。

生产堆建成投产后，在保证安全运行前提下，进行了许多重大科研、革新、挖潜改造，从 1975 年下半年起开始连续进行超过设计额定产量的运行。

高通量试验堆堆芯

原子能所对苏联援建的重水研究堆进行了改建，使最大功率提高了 50%，热中子注量率提高了约一倍。西南反应堆工程研究设计院为上海金山石油化工总厂利用核能产生工业蒸汽，做了热电两用堆的可行性研究和初步设计。

到 20 世纪 70 年代中期，通过设计、建造军用生产堆、陆上模式堆、核潜艇动力堆、高通量工程试验堆、微堆，以及高温和低温供热堆开发、钠冷快中子堆等新堆型研究，培养了一支反应堆科学技术队伍，建成了包括反应堆物理、热工、水力、水化学、腐蚀、材料、燃料元件、无损探伤、结构力学、自动控制、仪表、安全、废物处理和辐射防护等专业完整的科研基地，为动力堆进一步开发创造了条件。

第六节　核技术应用的初步开展

一、同位素的研制及生产

同位素的研制和生产是开展同位素应用的基础。1958 年，原子能所试制成功第一批堆照同位素钠-24 等共 33 个品种。原子能所于 1959 年开始生产供应放射性同位素产品，1960 年供应品种达 17 种，随后逐年不断增长。

1961 年，原子能所完成了军用同位素研制任务，钋-铍中子源和模拟铀-235 裂变谱中子源以及钋-210 α 源在核武器研制中发挥了重要作用，开发的氚生产工艺应用于氚生产厂建设。与此同时，兰州近代物理所也试制出加速器同位素锰-54，满足了当时军事科研的需求。

此外，天然放射性同位素的提取和生产、稳定同位素的分离和生产也表现不俗。同位素逐步形成了研制、生产、供应体系，大部分产品基本自给。

二、核技术的初步应用

同位素及核技术农业应用从 1956 年执行《1956—1967 年科学技术发展远景规划纲要》开始，逐步形成应用体系，包括辐射育种、辐射保藏食品、辐射促进生物生长发育和辐射不育防治虫害等。至 1975 年，育成水稻、小麦、大豆等 8 种作物突变品种 70 余个，在生产上初见成效。

同位素及核技术与医学相结合的核医学始于1956年，分为临床核医学和基础核医学，前者以诊断和治疗为主要内容，后者以研究正常的和病态的生命现象为主要内容。1957年，中国医学界首次合成标记化合物，首次试用放射性同位素于人体。从20世纪60年代起，采用放射性药物进行临床诊断有了很大发展。20世纪70年代初，开始用放射性药物胶体金等分别对肝、肾、甲状腺等疾病进行诊断，后来铬-51等放射性药物得到应用，用相应放射性药物几乎可对体内所有组织和器官进行诊断和功能检查。体外显像技术也有提高，为体内诊断提供了新手段。放射性同位素治疗包括外照射治疗和内照射治疗，1958年开始应用钴-60治疗机进行恶性肿瘤的体外照射治疗，发展成为一种有效、常用的治疗恶性肿瘤手段。开展了基础核医学研究，在免疫学、分子生物学、遗传工程等新兴学科的发展中发挥了重要作用。

中国在20世纪50年代即开始同位素及核技术的工业应用，1976年以后有了较大发展。同位素示踪技术主要用在水利、石油、冶金、化工、机械和电子等部门，获得一些重要成果。同位素仪器仪表具有稳定可靠、非接触性测量、无损检验的优点，且种类多，应用广，在工业上使用经济效益高。辐射加工主要包括辐射化工材料的研制和辐射灭菌消毒等，利用钴-60辐照装置和电子加速器，开发新的高分子材料或提高材料的某些性能，对医疗用品等进行灭菌消毒。

同位素和核技术的其他应用，包括核分析技术、核测井技术、固体材料辐射改性和固体径迹探测器等。

第七节　安防卫生与环保体系的建立与发展

一、安防卫生与环保体系的建立

1959年二机部提出“生产未动，防护先行”的方针，1960年10

月1日成立卫生防护局，由卫生部和二机部实行双重领导（在卫生部称工业卫生局，在二机部称十七局），由卫生部副部长钱信忠、二机部副部长钱三强主管，首任局长为邓启修。1961年，二机部各管理局和企事业单位先后成立了安全防护卫生机构。有关省、市、自治区的卫生厅（局），也根据具体情况成立了卫生防护管理机构。1962年，在二机部成立辐射防护研究所的同时，卫生部建立了工业卫生实验所，军事医学科学院建立了放射医学研究所。

1958年4月到1960年，二机部委托军事医学科学院、卫生部对技术骨干进行了培训学习。从1960年起，北京大学等大专院校源源不断地输送卫生防护专业的毕业生。1963年至1965年，从全国卫生系统抽调蒋本沂、宋少章、米泰初、李树德、陈王善继、吴晋惠、谢淑珍、姚川汶等一批技术专家。

二、开展的主要工作

1957—1966年，先后做了以下四方面的工作：第一，把好工程设计关，搞好第一批核设施建设中的安全防护工作；第二，1961年，二机部根据国务院批准的《放射性工作卫生防护暂行规定》，制定了一系列执行细则；第三，解决了特殊的过滤材料、防护衣具、剂量仪表、大面积表面去污方法、放射性损伤早期诊断与治疗、矽肺病的防治、汞与氟及其他化合物中毒的急救与治疗等一批厂矿迫切需要解决的卫生防护技术问题；第四，1962年前后，在湖南衡阳和山东青岛分别建设了一所综合性医院和一所疗养院，并先后接收了苏州医学院和陕西临潼等地的3所疗养院，形成了一定规模的医疗保健网。

1966—1976年，安防卫生系统广大职工坚守生产岗位，为保证核工业的安全生产做了大量工作。在努力搞好老厂安全防护工作的同时，积极开展了三线工厂选址中的有关工作。科研人员坚持下厂矿调查研究，解决生产建设中存在的安全防护问题。一些科研项目也获得了好成绩，如辐射防护研究所1969年为第一艘核潜艇研制了DL-150

型过滤器。

1975年5月，二机部召开了第一次核工业环境保护工作会议，会后成立了核工业环境保护机构——卫生防护局环境保护处，全面推进核工业的环境保护和“三废”治理工作。

第八节　核工业基本建设体系的建立与发展

核工业基本建设必须符合一系列特殊的规范要求，并确保工程质量，以保证生产安全；核工程综合性强，需要大量具有特殊性能的新材料、专用设备和仪器仪表；反应堆等核工程施工程序性强，立体交叉作业多，镶入、预埋件成千上万，具有严格的不可返修性，要求工程建设准确无误。从事核工业基本建设的广大职工艰苦奋斗，转战南北，建成了一个完整的核科技工业体系。

一、基本建设体系的建立

1958年1月，建工部组建了北京第三工业建筑设计院，院长冯麟，党委书记王亚琳，总工程师何广乾。1958年9月，该院正式划归二机部，定名为第二机械工业部核工程研究设计院。1959年初，二机部第十二局设计院成立。从1960年底开始，二机部的设计机构几经变动，到1984年底，共有6个研究设计院和1个工程地质勘察队，职工总人数达5000余人。

1958年3月至8月，二机部从建工部兰州工程局先后选调了4000余人，分别组成了一〇一、一〇二和一〇四建筑工程公司3支施工队伍；从建工部第九生产设备安装公司和其他单位共选调约1200人，组成了一〇三安装工程公司。从1965年开始，上述施工队伍陆续转移到三线地区，相应地改名为二一、二二、二四建筑工程公司和二三安装工程公司，增加了二十五建筑安装工程公司，并以二二公司的一部分组成了第七建筑工程处（1974 年改为二七公司）。三线建设大规模进行期间，施工队伍迅速扩大，达到了 5 万余人。1974 年以后，核工业基本建设任务逐步减少，施工队伍开始转向承担二机部以外的工程施工，机构、队伍又有所变化，到 1984 年，核工业施工队伍共拥有 5 个建筑工程公司（即二一、二二、二四、二七和华泰公司），两个综合性安装工程公司（二三和五公司），一个矿山、水冶建筑安装工程公司（即二十五公司），以及一个建筑安装系统的非标准机械制造厂，职工总数约 47 000 多人。

为了保证核工业的建设，1957 年 6 月，二机部成立物资供应局，1958 至 1959 年又在北京、上海、天津、沈阳、西安、武汉、重庆等城市成立了物资供应处，加上各企事业单位的物资供应部门，从上到下形成了一个贯通全国的物资供应体系。1964 年，物资供应部门广泛开展清查仓库的活动，为全面提高物资管理工作打下了良好的基础。

二、开展的主要工作

1958—1959 年，核工业建设工程设计进展迅速，不少项目的施工设计图提前完成。1959 年核工业建设发展较快，完成的建筑面积比 1958 年增加 3～4 倍。到 1960 年 8 月底，核工业第一批厂矿接近建成。

1960 年 12 月开始，基建战线实行科研、设计、施工、生产四结合，协力攻克技术难关，扎扎实实解决核工业建设面临的问题。根据二机部先建成铀-235 生产线的决定，二机部设计院、一〇一公司、一〇三公司二处突击抢建兰州铀浓缩厂，其他厂矿于 1963 年内先后建成投产。

到 1974 年，三线地区的主要工程项目建成，建设速度普遍快于首批核工程，有的比同类工程建设时间减少一半。三线工程建设不仅速度快，质量好，并在设计和施工技术上都有所创新。三线工程是自行设计、自行施工、完全采用国产设备优质高速地建设起来的，改变了核工业的战略布局。

第三章

“两弹一艇”研制的历史突破

自1955年创建至1974年核潜艇入列服役，中国核工业仅用不到20年的时间就铸就了“两弹一艇”的辉煌成就，书写了中华民族新的历史篇章。“两弹一艇”的研制成功，打破了西方大国的核垄断和核讹诈，提高了中国的国际地位，对捍卫国家安全、维护大国地位和维护世界和平具有重要意义。

第一节　核武器研制的战略部署

一、核武器研制机构的设立及变化

1958年1月8日，中央决定成立第三机械工业部九局（同年2月改称二机部九局），负责核武器研制工作和研制基地的建设，李觉任局长，吴际霖、郭英会任副局长。

1958年7月中旬，经中央批准，核武器研制基地选定青海省海晏县金银滩，基地建设随之开始。

1958年10月10日，二机部党组决定成立北京第九研究所（简称九所），李觉兼任所长，吴际霖、郭英会兼任副所长，负责核武器研制工作。为了集中力量突破原子弹技术难关，1960年初从中国科学院和全国各地区、各部门选调了郭永怀、程开甲、陈能宽、龙文光等105名高中级科研和工程技术人员。同时，将原子能所的王淦昌、彭桓武等一批高级研究人员调到九所。这批科技人员会同先期参加研制工作的朱光亚、邓稼先、周光召等人，形成核武器研制的骨干技术力量。

1962年12月，九所第一批技术人员和部分科研仪器设备向二二一厂转移。1963年3月起，在核武器研制基地具备了科研、生产生活的基本条件之后，九所大部分科研人员迁往基地，黄祖洽、于敏、陈能宽等科学家和一大批全国各相关行业顶尖人才也陆续调入。

1964年3月，九局、九所机构撤销后成立二机部第九研究设计院（简称九院）和221研究设计分院。九院由李觉任代理党委书记、院长，刁筠寿任第二书记，吴际霖任第一副院长、副书记，郭英会、王淦昌、朱光亚、乔献捷、彭非、郭永怀、彭桓武、马祥、程开甲任副院长；221研究设计分院党委书记为刁筠寿（兼），院长李信，副院长陈能宽、李英杰、徐庆宝、田子钦、聂怀得。

1965年2月15日，九院与221研究设计分院合并，李信、陈能宽、徐庆宝调任九院副院长。1965年9月9日，在九院下设立二二一厂，九院党委副书记、第一副院长吴际霖任二二一厂党委书记。

1965年5月，中央专委会批准建设代号为“九〇二工程”的核武器研制基地，分布在四川省的山区。1969年10月，九院大批人员开始由青海搬迁至四川九〇二地区。

1967年12月17日，国务院、中央军委决定，九院转归军队系统，由国防科委领导，1968年2月授予军队番号为“中国人民解放军第九研究院”。

1973年6月，国务院、中央军委决定，取消九院军队番号，仍划归二机部建制。12月，二机部决定九院使用“第二机械工业部第九研究院”名称。1974年1月1日，九院、二二一厂正式分家，九院迁往四川，二二一厂留在核武器研制基地。1982年5月，九院名称变更为

“核工业部第九研究院”。1985 年 1 月，九院对外名称使用“中国工程物理研究院”。

1983 年 9 月，国务院、中央军委决定对九院建设布局进行调整，相对集中到绵阳，在四川绵阳开始建设新的科研基地。

二、实现首次核试验的“两年规划”

受苏联毁约停援和三年经济困难的影响，国防工业和国防科研部门对原子弹和导弹是上马还是下马发生了激烈争论。1961 年夏，在北戴河召开的国防工业、国防科研系统工作会议上，这场争论达到高潮。国务院副总理聂荣臻召集相关负责人进行研究，认为当时中国国防尖端技术已有长足发展，只要坚持往前干，完全有可能在三五年或更长时间得到突破，随即向中央递交《关于导弹、原子弹应坚持攻关的报告》。在随后中央政治局会议上，主持会议的刘少奇提出“原子能工业的现状究竟如何，是上好还是不上好，是否把情况摸清楚以后再定”的意见。

1961 年 10 月，聂荣臻根据中央的意见，派张爱萍、刘西尧、刘杰带领调查组到核工业一线考察。11 月 14 日，调查组向中共中央和中央军委提交了报告，认为只要进一步加强组织协调、技术攻关，1964 年炸响原子弹这一设想是可能实现的。毛泽东、刘少奇、周恩来等中央领导审阅调查报告后，都支持“两弹”继续上马，毛泽东专门指示：“在科学研究中，尖端武器的研究试制工作，仍应抓紧进行，不能放松或下马。”

1962 年 8 月北戴河中央工作会议期间，陈毅等中央领导人特别关注二机部的工作进度，聂荣臻专门指示全国科研部门要同二机部合作好，“拧成一股劲，共同完成任务”。1962 年 9 月 11 日，经罗瑞卿审定同意，二机部向中央呈报了争取在 1964 年、最迟在 1965 年上半年爆炸中国第一颗原子弹的“两年规划”。1962 年 10 月 10 日，聂荣臻、罗瑞卿听取刘杰汇报后做出批示，二机部根据批示要求提出了先进行原子弹在铁塔上爆炸试验、接着再进行飞机投掷空中爆炸试验的具体方案，罗瑞卿阅示后呈报中共中央。

三、全国大力协同

中央批准“两年规划”后，二机部编制了落实规划的详细计划。这个计划包括了核工业的各个环节，每个环节又都按照1964年底实现第一颗原子弹爆炸试验这个总目标，把各项任务进行分解，落实到各部门、各单位。

在中央专委组织领导下，围绕实现“两年规划”，在全国各地区、各部门迅速形成大力协同攻关会战的局面。全国先后有26个部（院）、20个省（直辖市、自治区）的包括工厂、科研机构、大专院校等900多家单位参加了攻关会战。在尖端技术研究、专用设备和新型材料的研制方面，解决了近千项重大课题。公安部在安全保卫保密、水电部在电力供应、铁道部在交通运输、商业部在后勤保障、卫生部在放射医学研究及环境监测方面，都尽了最大努力。解放军各总部、各兵种、防化兵研究院、军事工程学院、军事医学科学院，都积极地参加了首次核试验。核武器研制单位所在地的地方党委，更是在物资和人力上给予了大力支持。

在全国各地区、各部委、各部队的大力协同下，经过核工业战线广大职工的艰苦努力，“两年规划”的各项任务，按照计划顺利进行。地质勘探、铀矿开采、铀转化生产，都提前完成计划。铀浓缩厂于1964年1月生产出合格的高浓铀。核部件的加工于1964年4月浇铸出毛坯，随即加工出第一套原子弹核部件。

四、加快发展核武器的计划

1964年5月和1965年1月，毛泽东在听取国家计委关于第三个五年计划和长远规划设想的汇报时，明确指出：原子弹要有，氢弹也要快。周恩来也提到氢弹研制能否加快一些，并要求二机部就核武器发展问题作出全面规划。

1965 年 2 月 3 日，二机部向中央专委呈报《关于加快发展核武器问题的报告》，提出加速原子弹武器化和尽快突破氢弹技术。周恩来主持中央专委会审议后，要求通过 1965 至 1967 年的核试验完成原子弹武器化，力争 1968 年进行氢弹装置试验。

第二节　第一颗原子弹的爆炸成功

一、掌握原子弹基本理论和关键技术的攻关

原子弹研制是一项涉及多种学科、综合性很强的系统工程，需要有多种专业科技人员的通力协作。九所从理论物理、爆轰物理、中子物理、金属物理和弹体弹道等几个方面进行研究试验。

原子弹攻关，最关键的是要掌握基本理论和关键技术。二机部领导和九所始终把这项工作作为重点来抓，宋任穷和刘杰等多次到现场检查指导工作。1961 年，在彭桓武、邓稼先、周光召的直接领导下，理论研究人员对原子弹爆炸过程进行了大量的分析和计算，取得了大量有价值的数据。在陈能宽领导下，爆轰物理试验人员开展了起爆元件的设计和波形会聚流体力学过程的试验研究等。炸药研制工作在王淦昌的指导下进行，应用了新注装工艺，大大提高了炸药部件的质量。经九所和原子能所的密切合作，在中子探测技术等方面取得了重大进展，王方定等完成了点火中子源内装材料的制备。在郭永怀等的指导下，开展了原子弹装置结构设计，对各种物质之间的相互作用也建立起清晰的物理图象，对压紧过程有了透彻了解，原子弹理论设计取得了重要进展。

原子弹的攻关工作，自 1960 年开始组织力量探索科学规律，于

1961年初进入确定基本理论和关键技术的重要阶段。到1962年底，基本上按原定计划完成了一种理论设计和爆轰物理试验、飞行弹道试验、引爆控制系统台架试验等三大试验，为原子弹的模拟试验和原子弹产品技术设计，提供了必要的技术准备。

为了加强对原子弹装置和机载航弹的设计试验工作的技术指导，在九所下设产品设计、冷试验、场外试验和中子点火4个技术委员会，分别由吴际霖、王淦昌、郭永怀和彭桓武担任主任。

1963年8月，刘杰赴二二一厂考察工作，经与基地领导讨论后决定，把1959年6月苏联来信拒绝提供原子弹教学模型和图纸资料的日期“596”作为第一颗原子弹的代号。

1963年11月20日，在基地进行了缩小比例的聚合爆轰试验，使理论设计和一系列试验结果获得综合验证，为原子弹的设计打下可靠基础。

1964年4月11日，周恩来主持召开了第八次中央专委会，要求在9月10日前做好爆炸试验前的一切准备，做到“保响、保测、保安全，一次成功”。

1964年6月6日，在各项研制和试验进展顺利的基础上，在核武器研制基地进行了全尺寸爆轰模拟试验。这是一次核爆炸试验前的综合检验，试验结果实现预先设想。至此，原子弹研制自1960年初开始，历时四年半，经过大量小型试验和若干次大型试验，已成功在望。

二、中国首次核爆炸试验

中国首次核爆炸试验是在周恩来亲自领导下进行的。张爱萍担任试验现场总指挥，二机部副部长刘西尧任副总指挥，刘杰在北京负责前后方与中央的联络。

1964年8月15日，首次核试验用的训练产品试验装置及备品备件全部加工、装配、验收完毕，陆续运往试验场地。8月23日至9月

1 日，进行了单项演练和综合预演，提前 9 天完成中央专委的要求。1964 年 9 月 26 日，首次核试验用的试验产品总装完成，从核武器研制基地启用发往核试验基地。

根据试验场区的气象情况，中央把第一颗原子弹装置试验的起爆时间（即零时）定在 1964 年 10 月 16 日 15 时。15 日深夜，有关操作人员完成了原子弹装置的核部件装配、上塔、插雷管几个工序。随着距试验装置 23 千米主控站计数器的“零时”报出，一股强烈的闪光之后，便是惊天动地的巨响，接着巨大火球转为蘑菇云冲天而起。中国自行研究、设计、制造的第一颗原子弹装置试验成功。试验结果证明，第一颗原子弹的理论、结构设计，各种零部件、组件和引爆控制系统的设计和制造等，都达到相当高的水平。

第一颗原子弹爆炸时升起的蘑菇云

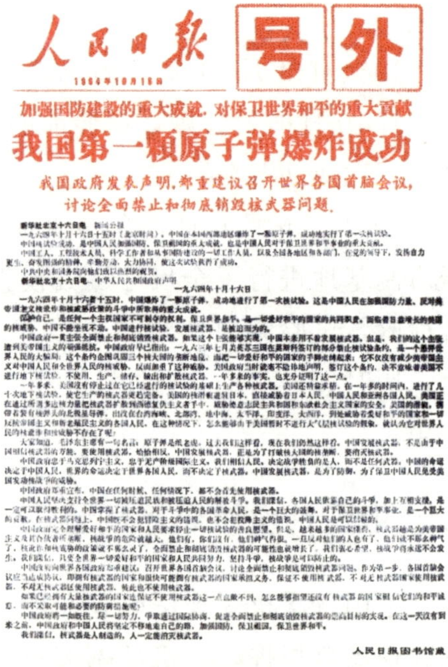

人民日报 号外

1964年10月16日

加强国防建設的重大成就，对保卫世界和平的重大貢献

我国第一颗原子弹爆炸成功

我国政府发表声明，郑重建议召开世界各国首脑会议，讨论全面禁止和彻底销毁核武器问题。

人民日报图书馆藏

《人民日报》号外

1964 年 10 月 16 日中国第一颗原子弹爆炸成功

10 月 16 日 22 时，中央人民广播电台在晚间新闻节目中，连续几次播送《新闻公报》《中华人民共和国政府声明》和《中共中央和国务院热烈祝贺首次核试验的巨大胜利》的贺电，《人民日报》刊发了号外。中共中央贺电指出："这次成功的试验，标志着中国国防现代化进入了一个新的阶段。这对美帝国主义核垄断、核讹诈的政策是一个有力的打击，对全世界一切爱好和平的人民是一个极大的鼓舞。"贺电还指出："这次试验的成功，是全国人民高举毛泽东思想的伟大红旗，贯彻执行党的鼓足干劲、力争上游、多快好省地建设社会主义的总路线，发扬自力更生，发奋图强的革命精神的结果；是全国各地区、各部委、各部队辛勤努力，大力协作，共同奋斗的结果。"《中华人民共和国政府声明》强调指出："中国发展核武器，是为了防御，为了保卫中国人民免受美国发动核战争的威胁。中国政府郑重宣布，中国在任何时候、任何情况下，都不会首先使用核武器。"

第一颗原子弹爆炸成功后前线指挥部人员合影

前排左起：王茹芝、张蕴钰、程开甲、郭永怀、彭桓武、王淦昌、朱光亚、张爱萍、刘西尧、李觉、吴际霖、陈能宽、邓稼先

中国首次核试验的成功，在国内外引起了巨大反响。国内各族人民听到广播，欢欣鼓舞，异常兴奋，纷纷集会和座谈，欢呼核试验成

功的辉煌胜利。港澳同胞和海外华侨感到扬眉吐气，非常自豪，作为炎黄子孙分享了这一胜利的喜悦。世界爱好和平、对我友好的国家和人民，都表示热烈赞扬和支持，认为："人民中国突破了核垄断俱乐部的大墙，在整个地球上引起了一场真正的革命。""中国有了原子弹，使亚洲和世界和平能得到更有力的保障。"

第三节　原子弹武器化

首次核试验只是一个核装置的爆炸，要使之成为核武器，还要根据运载工具和战术技术的要求，进行大量的武器系统工程研究试验。这一过程也就是武器化的过程。

一、核航弹的研制

核航弹是由飞机运载的原子弹，在前述的"两年规划"中已对核航弹的研制作出了安排。对核装置的理论模型和结构作了设计改进，提高了可靠性，随后又进行一系列从部件到全弹的模拟和实物试验，证明产品能够承受运输和机载的环境条件，可以满足战术和技术的要求。经中央批准，于1965年5月14日进行了核航弹空投试验。试验取得圆满成功，爆炸威力与理论计算基本一致，中国有了可供实战使用的核武器。

轰-6飞机载运核航弹（原子弹）进入靶区

二、导弹核弹头的研制

核导弹是由导弹运载的比核航弹更为先进的核武器。同核航弹相比，导弹核弹头在体积和重量上要大幅度减小，所要经受的环境条件更加复杂和苛刻。从1964年4月开始，进行了核弹头设计，做了大量工艺试验、爆轰试验和环境条件试验。中央专委专门讨论了原子弹和导弹结合的全当量、全射程的飞行核试验的安全问题。周恩来要求反复论证，并进行一系列模拟试验。1966年10月27日，聂荣臻亲赴现场主持，成功进行了导弹核武器试验。试验结果，导弹飞行正常，准确飞向靶区，核弹头在预定高度实现了核爆炸。毛泽东高兴地指出，谁说我们中国人搞不成导弹核武器，现在不是搞出来了吗！

装载着核弹头的导弹准备试验

第四节 第一颗氢弹的爆炸成功

一、研究氢弹原理

氢弹的研制，在理论和制造技术上比原子弹更为复杂。国外对氢弹技术严加保密，完全依靠自行探索。

1960 年 12 月开始，原子能所成立“中子物理领导小组”，在钱三强主持下，黄祖洽、于敏等理论研究人员开始热核材料性能和热核反应机理的基础研究。1964 年 10 月，九所全面开展氢弹的理论研究。1965 年 1 月，二机部把原子能所先期进行氢弹研究探索的科研人员调到九所。九所经过研究分析，选择了两种攻关途径。并决定从低级的入手，向高级的争取。经过几个月的艰苦摸索，基本明确了攻关的技术路线。

1965 年 8 月，二机部向中央专委呈报了《关于突破氢弹技术的工作安排》：一方面进行理论探索，另一方面进行若干次核试验以检验理论是否正确。中央专委同意这一安排，并要求各有关部门给予积极支持。

二、新理论方案和氢弹原理试验

按照既定的核材料路线，从 1965 年 9 月底开始，九所经过两个多月计算，找到了解决自持热核反应所需条件的关键，探索出一种新的制造氢弹的理论方案。1965 年 12 月，在西北核武器研制基地，吴际霖主持、刘西尧和李觉参加，讨论了 1966 年至 1967 年氢弹科研、生产的两年计划。

1966 年 5 月 9 日，含有热核材料的原子弹试验成功，热核反应过程与理论预测基本一致。1966 年 12 月 28 日，进行了按新的理论方案设计的氢弹原理试验。结果表明，于敏等科学家创造性提出的新理论方案切实可行，先进简便。据此，中央专委决定按新理论方案进行设计，直接进行全当量氢弹试验。

三、氢弹爆炸成功

1967 年 5 月，第一颗氢弹的加工装配以及试验准备工作全部完成，有关部门对引爆控制系统、投弹飞机的改装、投弹高度、降落伞的研制等也做了周密的安排。5 月 9 日，周恩来主持召开了第十八次中央专委会，着重讨论氢弹试验的准备工作，要求 6 月 20 日以前做好试验前的各项准备工作。试验现场指挥工作由试验基地党委负责，国防科委副主任张震寰、二机部副部长李觉参加领导工作。

中国第一颗氢弹爆炸后升起的蘑菇云

1967 年 6 月 17 日，在周恩来的亲自安排下，聂荣臻亲临现场指挥，成功进行了中国第一颗氢弹爆炸试验，提前实现了毛泽东在 1958 年 6 月关于“搞一点原子弹、氢弹，我看有十年功夫完全可能”的预言。从第一颗原子弹试验到第一颗氢弹试验，美国用了七年零四个月、苏联用了四年、英国用了四年零七个月、法国用了八年零六个月，中国只用了两年零八个月，发展速度是最快的。中国首次氢弹爆炸试验，赶在了法国的前边，在世界上引起了巨大反响，公认中国核技术已进入世界核先进国家行列。

第五节　核潜艇的研制成功

核潜艇具有隐蔽性和机动性能好、航速高、续航力大、潜航时间长、攻击力量强等优点，已成为现代强大海军装备的核心和标志。中国早在 1958 年就开始组织力量进行核潜艇研制探索，首次核试验成功后，加紧研制核潜艇便提上了日程。

一、核潜艇动力装置设计方案的确定

1958 年，海军和二机部分别设立专门机构，组织研究核潜艇动力堆这项尖端技术。二机部决定这项工作由原子能所承担，原子能所组建了 200 多人的科研设计队伍，赵仁恺担任潜艇动力装置设计组组长。陆续开展了堆设计、堆物理、堆材料、材料防腐、元件工艺、热工水力、自动控制等一整套有关堆工程的科技研究工作。

1959 年 9 月末，中国向来华访问的苏共中央总书记赫鲁晓夫提出核潜艇技术援助问题。赫鲁晓夫拒绝中方要求，并说："核潜艇技术复杂，花钱太多，你们搞不了，也不要搞。"毛泽东闻知后，十分坚定地表示："核潜艇，一万年也要搞出来！"

1959 年，原子能所设计制造的零功率堆"东风 1 号""东风 2 号"达到临界，第三个零功率堆"东风 3 号"也于 1960 年 4 月达到临界。

在调查国外零碎资料基础上，经过计算、论证，确定了核潜艇动力堆的主方案和主参数，并于 1960 年 6 月完成方案设计第一稿。同时还就建立研究基地和建造陆上模式堆问题进行讨论和选点调查。

鉴于 20 世纪 60 年代初国家经济困难且需要集中力量搞原子弹和导弹，国家决定核潜艇暂不列建堆计划，但保持一定技术力量继续进行研究设计工作。此后，核潜艇研究机构几经变动，逐步建立了一些研究试验用设施。

1965 年 7 月，在前期工作的基础上，二机部提出的核潜艇动力堆设计改进方案，经有关方面的专家审查修改后上报中央专委。中央专委批准了设计方案，责成二机部争取在 1970 年建成核潜艇陆上模式堆。

二、核动力工程研究基地的选址与建设

1965 年 9 月，西南反应堆研究基地（中国核动力研究设计院前身）在四川破土动工。

第一座核潜艇陆上模式堆厂房外景

建设初期进展比较顺利，但“文化大革命”开始后，工程建设进度很慢。1967 年 8 月，中央军委发出特别公函，要求加紧研制，保进度，保质量，圆满完成国家任务。1968 年 3 月，成立工程指挥部。同年 7 月 18 日，毛泽东又指示派解放军部队支援基地建设。与此同时，中国科学院，有关高等院校，机械、冶金、化工等部，以及几个省的有关部门，也都进一步加强了对工程建设的支援。到 1969 年底，陆上模式堆主厂房的土建工程基本完工，14 个研究室除部分因缺设备不能收尾外也已建成，其中 10 个实验室陆续拿出成果。

三、陆上模式堆的模拟试验

1970 年 4 月 28 日，陆上模式堆安装提前完成，5 月 1 日开始试车。试车调试和“冷”“热”临界试验结果表明，整个陆上模式堆工程质量是好的，反应堆全部控制系统性能良好，能安全可靠地启动和停堆。

核动力装置的质量和性能如何，需由陆上模拟运行试验来加以证明。因此，模拟试验的成败，关系重大。周恩来对试验工作十分关心，亲自过问有关情况和问题。在陆上模式堆开堆提升功率前夕，还特派专机接有关人员进京作了汇报。1970年7月17日凌晨2时，陆上模式堆开始提升功率试验。试验期间，周恩来又专门派去工作组，与启动运行小组一起跟班工作，及时处理出现的问题。7月18日和20日，周恩来两次打电话，要求参加试验人员“不要急，要仔细做工作，加强现场检查，越是试验阶段，越需全力以赴，一丝不苟，才能符合要求”。7月26日成功并网发电。8月30日，试验达到满功率，各项性能指标都符合设计要求。

在周恩来的亲自关怀下，参加试验的人员精心操作，一次成功，试验结果比预想的还要好。第一阶段的试验证明：一是堆的设计、设备制造，安装调试的质量良好；二是安全可靠，自稳、自调性能优良，表明中国自力更生建造的第一座艇用核动力堆是成功的。为进一步验证核动力装置的性能，接下来又开展了第二阶段的模拟试验。这些试验为中国第一艘核潜艇下水试航和出海试验提供了可靠依据。

四、核潜艇的下水试航与入列

1970年12月26日，中国自主建造的第一艘核潜艇艇体下水，开始核动力装置安装。1971年9月，此艘核潜艇试航。经海军试航考验，确认中国研制的第一艘核潜艇在总体设计、建造、动力系统、导航和主要武器系统方面基本成功。1974年8月1日，第一艘核潜艇交付海军正式入列。

核潜艇研制成功，是继原子弹、氢弹试验成功后中国核工业又一突出重大成就，为增强海军力量、巩固国防作出了贡献，也为核电站的发展培养了人才，积累了经验。在核潜艇的研制过程中，彭士禄作为中国核潜艇第一任总设计师，在技术上发挥了关键作用，赵仁恺、黄纬禄、黄旭华等科学家也作出了重要贡献。

中国第一艘核潜艇航行

核潜艇主要技术负责人

（从左至右）赵仁恺、彭士禄、黄纬禄、黄旭华

第四章

改革开放后核工业战略重心的调整转移

1978 年十一届三中全会后，随着全党工作重点转移到经济建设上，以及国防建设指导思想的战略转变，中国核工业战略重心转向为国民经济建设服务，变化深刻，难度巨大，涉及全行业、全产业链，是历史上第一次。中国核工业揭下“神秘面纱”，力促核电建设起步，并完成了前期工作，在改革开放的浪潮中迎来新的发展机遇。

第一节　核工业发展战略方针的调整

一、核工业发展战略调整的背景和“保军转民”方针的确定

中国核工业是从主要为军用服务而迅速发展起来的。在军事利用的带动下，较快地掌握了核科学技术，建立了一套比较完整的核工业体系，并为进一步开发利用核能，使核技术更好地为国民经济建设服务打下了较好的基础。

但是，实践表明，核工业如果只搞军用，不搞民用，必然路子越走越窄，不利于核工业的继续发展。1978 年 12 月，二机部部长刘伟在十一届三中全会上提出，要积极发展核电，核电建设从 30 万千瓦起步。十一届三中全会后，国家压缩了对军用基建、科研、生产的投

资，并推动国防科技工业部门投入国民经济建设中去。这样就使核工业需要作出重大调整和转变。

从 1979 年起，党和国家领导人对国防科技工业实行这一重大转变先后作了一系列重要指示：国防科技工业部门，要服从国家建设大局，除完成武器装备的科研生产任务外，要努力搞民品研制；要将军工技术、特别是一些尖端技术向民用转移；要协同民用部门突破技术难关；要把军转民、技术引进、国内技术攻关三者结合起来，开发民用产品，等等。

1979 年 4 月，二机部召开工作会议，着重研究工作重点转移和贯彻国家“调整、改革、整顿、提高”方针问题，提出了要积极发展核电和推广同位素与其他核技术的应用，积极承担民用产品和出口产品的生产及民用工程的设计和施工等。经过两年的实践，1981 年 3 月初，在国务院副总理、国防科委主任张爱萍的主持下，提出了“核工业应在保证军用的前提下，把重点转移到为国民经济利用上来”的发展方针，由国防科委和二机部联名向国务院、中央军委上报了《关于原子能工业发展方针的请示》。经国家批准后，这一方针概括为“保军转民”。

在“六五”期间召开的历次工作会议，如 1982 年 12 月由部长张忱主持和 1984 年 2 月底至 3 月初由部长蒋心雄主持的工作会议，都就如何贯彻执行好“保军转民”这一方针进行了深入、反复的研究，并提出了各项政策和具体实施措施。到 1984 年底，又进一步把“转民”的方针具体化为“以核为主，多种经营”。

二、核工业机构调整和核电管理体制的演变

1979 年 12 月，邓小平在国防科委《关于发展核电站问题的请示报告》上批示：“我认为由二机部抓总，较为妥当。”1980 年 1 月，中共中央明确“因二机部是原子能工业部，和平利用原子能问题由二机部统一归口，组织协作”。

1982 年 5 月 4 日，第五届全国人大常委会第 23 次会议决定将二机部更名为核工业部，仍属国务院组成部门。

1983 年 6 月，核工业部、基建工程兵联合向国务院、中央军委呈报《关于将基建工程兵铀矿地质矿冶部队改编为核工业部企事业单位的请示》。随后，基建工程兵二机指挥部所属 4 个支队、4 个独立团共 2.7 万人集体就地转业。铀矿地质部队改编后由核工业部地质局归口管理，铀矿冶部队改为企业单位归核工业部矿冶局管理。

1983 年 9 月，为了加强对核电建设工作的领导，国务院成立了由国务院副总理李鹏任组长、国家计委副主任黄毅诚任副组长（1986 年 1 月增补核工业部副部长周平为副组长）的国务院核电领导小组。核电领导小组的主要任务是：提出核电发展方针，确定重大技术方案，统一组织对外谈判，协调各部委的工作。

1984 年 10 月 30 日，国务院批准成立国家核安全局，任命姜圣阶为局长。国家核安全局负责核安全和辐射安全监督管理，拟定核与辐射安全、辐射环境保护、核与辐射事故应急有关的政策、规划、法律、行政法规、部门规章和标准，对核电站建设、运行等全寿期实施核安全监管。

第二节　核军工科技研发稳步前进

在核工业战略调整时期，核军工科技研发保持稳步前进，取得一系列辉煌成就。中国核武器研制按照“小型、机动、突防、安全可靠”的发展方向，在改进完善原有核武器的同时，重点开展新一代核武器研制、试验。

一、成功进行多次核试验

1969 年 9 月 23 日，中国首次成功进行地下平洞核试验，检验了地下核爆炸的封闭技术。1978 年 10 月 14 日，中国成功进行第一次地下竖井核试验，实现全封闭操作，在安全、工程、测试、取样等方面获得满意结果。1979 年 9 月 13 日和 1980 年 10 月 16 日，分别进行第 26 次和第 27 次核试验，两次均为空投氢弹试验。第 27 次核试验是最后一次大气层核试验，当量为百万吨级，达到预期要求。从 1981 年开始，中国的核试验从大气层转入地下，摆脱了禁止空爆核试验的束缚，全面掌握了地下核试验的各项技术，核试验水平跨上一个新台阶。

二、掌握中子弹技术

1977 年，核武器研究人员着手收集和分析与新型核武器中子弹有关的资料，并进行原理探索。1978 年 10 月起，科技人员选定设计研究的技术关键及解决途径，随后确定通过三个阶段核试验实现中子弹设计技术突破的方案。该方案获得二机部、国防科工委批准。经过 1983 年、1984 年两次原理性试验，取得决定性技术突破。

1984 年国庆阅兵中的战略导弹方队

第三节　核工业的改革调整与对外交流合作

20 世纪 80 年代，国家作出核工业“停产限产”决策，核工业基建投资和核产品收购资金大幅压缩，核工业进入改革调整转民时期。

一、面临的形势与困难

核工业在调整改革初期面临“三个三”的巨大难题，即三十万职工队伍的生存发展；地处三线偏远地区企事业单位的生产生活、维持运转、转产转民；生产科研积累的“三废”（废气、废水、固体废物）处理处置。调整转民面临的困难具有系统性，主要表现在：原有生产设施、设备具有专业性强等特点，一般无法直接转为民用；企事业单位大多处于边远偏僻地区，交通不便，信息不灵，在选择转民出路和方向上难度很大，参与市场竞争处于不利地位。

同时，核工业转民的核心优势是发展核电，但“六五”（1981—1985 年）期间核电建设还处于探索和起步阶段，距形成支柱产业并发挥带动作用距离尚远；企事业单位管理制度、经济政策、经营理念、人员思想观念以至工作方法和作风，都很难一下转变过来，不适应问题突出；民品开发与经营的人才缺乏，原有管理、经营和技术骨干人员流失严重，稳定队伍的困难很多。

二、调整的主要内容

1982 年，国家分配到核工业的基建投资和核产品收购资金，大体相当于 1981 年的二分之一，并且明确整个“六五”期间不会有新的增长。根据中央部署要求，核工业全面贯彻调整方针，进入艰难调整阶段。

一是清理压缩基建规模。一大批工程停建或缓建，基建投资大幅下降。

二是压缩生产规模。铀矿勘查钻探工作量大幅压缩，总体呈逐年下降趋势。铀矿冶系统有16个企业停止生产，保留下来的生产企业实行“多限产，少关停”政策，产品产量普遍压缩20%以上。四〇四厂、八二一厂相继实行指令性停产。

三是调整地质队伍部署。将一部分地质队伍从地质条件不好、十多年时间很少有成果的地区调出，集中到地质条件较好区域。抽出部分地质人员从事找金和民品生产。

四是缩短科研战线，保证重点项目。从人力、经费、物资上保证有现实意义的军民两用项目，对需要不迫切且研究周期长项目，量力而行；坚决停掉短期内不能发挥作用的项目。

五是整顿、改革企事业单位。1982—1985年，企业全部整顿完毕并验收合格，事业单位也都参照企业整顿要求进行整顿。以增强企业活力为中心，简政放权，扩大企业自主权；改革企事业领导体制，试行厂长（所长、经理）负责制；普遍实行经济承包或科研课题承包责任制，加强经营管理。

三、对外交流合作的初步开展

1978年，国家批准二机部公开对外交往，并确定一批单位对外开放。二机部为适应对外开放的需要，1980年组建了中国原子能工业公司（简称中国原子能公司），1983年组建了中国中原对外工程有限公司（简称中国中原）等单位。中国原子能公司成立后积极开展铀资源对外贸易，中国中原和原子能院为阿尔及利亚设计建造以15兆瓦重水研究堆为核心的比林核研究中心，迈出了核工业走出去的初始步伐。

1984年1月，中国正式加入国际原子能机构，并成为该机构的指定理事国。至1985年底，中国先后同意大利、法国等11个国家签订了部门间或政府间和平利用核能合作协定或议定书。在核技术经济交往中，从国外引进了设备、资金、技术，同时也向外输出了核产品、核技术及劳务服务。

1984 年 9 月，蒋心雄率中国代表团出席国际原子能机构第 28 届大会

第四节　核电建设的起步

核电是世界上已经大量发展的，技术成熟、安全、清洁、经济的一种先进能源，是核能和平利用的最主要标志。改革开放后中国经济得到迅速发展，但电力供应不足问题日益突出。尽快开发这一新能源，已成为亟待解决的问题。在国家的规划部署和有关方面的共同努力下，中国核电建设开始起步。

一、核电建设的酝酿

中国酝酿发展核电始于20世纪50年代，苏联援建的军用钚生产堆包括发电功能，并拟建一座苏式石墨水冷堆核电站，因苏联撕毁协议未能实现。20世纪50年代至70年代，上海市、二机部、水电部、清华大学都曾先后提出建设核电站方案，因条件不成熟未能实施。

党和国家领导人十分关怀和支持核电，周恩来曾多次提出要搞核电建设。邓小平和胡耀邦先后听取二机部等部门关于中国核电建设汇报，就核电发展规划、技术路线等问题提出原则意见。1981年10月，国务院副总理张爱萍在国务院常务会议研究核电问题时说：核工业很困难，要扶持，要给它找出路，尽快转型，建立起中国自己的核电工业体系。李鹏、谷牧等党和国家领导人也非常关心和支持核电事业发展，曾多次作出重要批示。

二、核电起步阶段的建设方针、政策

中国核电建设起步于20世纪70年代初，采取自力更生路线，以自己的力量为主。改革开放为核电开展国际合作、引进国外先进技术和经验创造更为有利的条件。综观国内外形势，中共中央和国务院制订核电建设要“以我为主、中外合作”基本方针和“核燃料立足国内”等一系列重大方针，为探索中国特色核电发展道路明确了方向。

1983年1月11—18日，“核能发展技术政策论证会”在北京回龙观召开，会议确定核电技术发展的方向是“发展压水堆”为主，允许多种机型并存，即“一种堆型、多种机型”。会后国家计委、国家科委联合向国务院报送核能发展技术要点，1985年经国务院批准实施。

1984年4月，国务院办公厅转发国务院核电领导小组《关于我国核燃料工业发展方针的报告》。该报告提出“核燃料要立足国内”和“发展浓缩铀技术方针是以离心法为方向，用扩散法过渡”等方针。

三、秦山核电站建设的起步

1970 年 2 月初，周恩来在北京听取上海市领导关于缺电导致工厂停工减产情况汇报后说："从长远来看，要解决上海和华东地区的用电问题，要靠核电。" 2 月 8 日，上海市革委会传达了周恩来的指示，这一日期成为中国第一座核电站工程的代号——"七二八"工程。方案批准后不久，在上海组织了设计队伍，并成立了"七二八"工程设计院（后改名为上海核工程研究设计院）。

1973 年，上海市和二机部联合向国务院提出建设 30 万千瓦压水堆核电站方案，1974 年经周恩来主持的中央专委会议批准，但建设工作未能起步。1981 年 11 月，国务院批准 30 万千瓦核电工程项目，1982 年 11 月批准定址浙江秦山。

1982 年，原二机部部长刘伟考察位于浙江秦山的"七二八"工程厂址

“七二八”工程选址于1973年开始。1978年初夏，为加强选址工作的力量，二机部成立五人工作小组推进首座核电站选址。1980年9月开始，经过综合分析比较，确定秦山为优良的核电站厂址。1981年12月，国家建委在杭州召开厂址方案复查会议，初步确定秦山为第一候选厂址。1982年6月，浙江省省委召开常委会专题讨论并同意核电站定点秦山。1982年9月16日，城乡建设环境保护部批复同意秦山厂址，11月4日国家经委批复定址秦山。同年12月27日，核工业部命名30万千瓦核电站为“核工业部秦山核电厂”。

1974年开始，上海核工程研究设计院（简称上海核工院）、上海原子核研究所、二机部第一及第二研究设计院（简称核二院）等30多个单位约600余人组成“七二八”工程设计队，在总设计师欧阳予的带领下，开展科研设计，攻克技术难关。设计队与全国100多个单位经过8年攻关，完成30多个专业420多项重大科研项目，并开发技术软件11项，建造试验台架22座，完成技术基建项目12个。秦山核电站的设计与建造获得1997年国家科技进步奖特等奖，部级科技成果奖142项，在磁力提升驱动机构、预应力安全壳、不设调试锅炉完成汽轮机冲转试验等方面取得重大突破，达到国际水平。

“七二八”工程开创中国自行研究设计建造核电站之先河，借鉴世界上比较成熟的经验，采用压水堆，装机容量为30万千瓦，最大设计容量为33万千瓦，机组设计负荷因子为65%，设计年发电量为16.5亿千瓦时，电站设计寿命不少于30年。在工程设计上，采取“纵深防御、综合设防、多道屏障、万无一失”的方案以及12项安全措施，始终将安全放在第一位。

20世纪70年代，上海等地几十个工厂就开始研制秦山核电站所需设备。上海汽轮机厂设计和制造的中国第一台30万千瓦核电汽轮机组用于秦山核电站后，调试、试运行、带基本负荷等阶段考核指标均符合设计要求，达到世界先进水平。

1983年6月，秦山核电站工程开始厂区场平工作，秦山核电站的建设正式起步。

四、大亚湾核电站建设的起步

改革开放后广东经济迅速发展，电力需求激增，但煤电、水电发展受限严重。而与广东毗邻的香港在20世纪70年代刚刚经历世界石油危机冲击，也面临电力供应不足的局势。

1978年，广东省常务副省长王全国在法国参观核电站时受启发，产生建设核电站、解决广东能源严重短缺问题的想法。占香港地区发电量70%的香港中华电力公司对广东省提出合资建设核电站的建议表现极大兴趣。1979年5月，应邀到广州的美国核电专家林杰克带来“借贷建设、售电还贷、合资经营”方案。

1980年，广东省电力公司同香港中华电力公司完成合营建设2台90万千瓦压水堆核电站可行性研究。1981年5月，国家计委、建委、经委组织审查广东核电站可行性研究报告。1982年底，国务院批准广东核电站项目。1983年2月，彭士禄被任命为水电部副部长兼总工程师，兼任广东大亚湾核电站总指挥。1983年，中国开始就广东核电站的设计和设备引进问题同外商谈判。1985年1月，广东核电投资有限公司同香港核电投资有限公司签订合股组成广东核电合营有限公司合同。

五、核能利用研究开发的其他工作

核能供热的研究工作是从1981年开始的。核工业部西南反应堆工程研究设计院与上海金山石化总厂，于当年秋天共同开展了核热电站的可行性研究和初步设计工作。核工业部北京核工程研究设计院和清华大学核能研究所，也于同期开始研究低温核供热方案，并开展了高温气冷堆技术的研究。

关于长远性的核能开发研究，核工业部西南物理研究所的受控热核聚变研究实验装置“中国环流器一号”，于1984年9月投入试验运行，其研究工作达到一定水平。原子能院等单位进行了快中子增殖反应堆的理论研究。

第五节 大力促进核技术的开发应用

核技术的开发应用，是和平利用核能的重要方面，也是核工业为国民经济和人民生活服务的一个重要内容。同位素和其他核技术的研究及应用，早在20世纪50年代业已开始。工业、农业、卫生、科学研究等许多部门，都对同位素和其他核技术的研究、推广应用做了大量工作。

一、促进核技术开发应用的举措

1982年2月，为了进一步加强同位素的研究、生产和应用推广工作，国家科委、国防科委、中国科协和二机部，在北京联合召开了由中国核学会承办的全国同位素工作会议。会议期间，举办了“同位素与射线应用展览”，大力宣传了同位素和其他核技术应用的知识及所取得的经济效益和社会效益。会后，一些省、市也都召开了同位素工作会议，进一步推动这一工作的开展。

1982年11月，中国核学会和四川省核学会在四川成都市联合举办了“原子核科学技术应用展览会”，着重宣传了同位素和其他核技术的应用。

1983年5月，中国同位素公司经国务院批准注册成立，正式开业，负责组织同位素生产、供应和进出口贸易。中国核学会成立了核农学、核医学、核能动力、辐射工艺、同位素等19个分会，并多次召开各有关专业会议，推广核能、同位素和其他核技术的应用。

1983年10月，中国科协、国家科委、国防科工委、核工业部联合在北京举办了“全国原子核科学技术应用展览会”。以后，展品又移至郑州、南京、广州和深圳经济特区展出。

二、核技术开发应用的初步成效

“六五”计划期间，同位素生产有了较大发展。到1984年，能生产供应的品种近700种，包括放射性药物、各种放射源、碳-14等标记化合物、放化制剂、放射免疫分析用的各种试剂盒和稳定同位素及其标记化合物等。同位素生产单位增加到21个。中国同位素已由过去主要依靠进口，逐步转为大部分由国内生产自给。同位素在全国的用户已发展到1500多家。随着同位素生产的发展，进一步促进了核技术在许多部门的应用，并取得了明显的经济效益和社会效益。

在农业方面，采用辐射方法或辐射方法与其他方法相结合，培育出农作物优良品种，使粮食、棉化、大豆等农作物都获得了较大的增产。利用同位素示踪技术研究农药和化肥的合理使用及土壤的改良等，为农业增产提供了新的措施。其他如辐射保藏食品等研究工作，也取得了较大进展。1984年，卫生部批准辐射保藏土豆、洋葱、大蒜、稻谷、蘑菇和花生仁的卫生标准，以及香肠的暂行卫生标准。

在医学方面，到1984年，全国有900多家医疗单位，在临床上已建立了100多项同位素治疗方法，包括体外照射治疗和体内药物照射治疗。同位素在免疫学、分子生物学、遗传工程研究和发展基础核医学中，也发挥了重要作用。

在工业方面，主要是研制同位素仪表，进行辐射加工处理，推广利用同位素示踪技术等。研制、生产的同位素仪表主要有：厚度计、密度计、物位计、X射线荧光分析仪、中子水分计、同位素测井仪、γ探伤仪等。一些同位素仪表，已在石油、煤炭、水利、冶金、建材、轻工等工业部门推广使用。进行辐射加工处理主要有：辐射化工材料改性、固体材料改性和辐射灭菌消毒等。同位素示踪技术在冶金、水利、石油、化工等部门中的应用，对改进钢铁工艺、搞好水利工程、测定油层吸水量、提高制碱技术等，都起了很好的作用。

此外，核物理技术的应用也有较快发展，如中子活化分析、带电粒子活化分析、质子X射线荧光分析、背散射和沟道分析、穆斯堡尔谱分析、正电子湮灭分析，固体径迹探测器技术，离子注入、中子掺杂等材料改性技术以及核磁共振、同步辐射技术等，都已得到应用。

第二篇

核能和平利用的全面推进

在改革开放和社会主义现代化建设时期，中国核工业把重点转移到为国民经济和人民生活服务的轨道上来，开始第二次创业。以核电为标志，向市场化迈进，掀开核能和平利用新的篇章。

核电的快速发展，带动了核工业全产业链技术水平的提升和产业规模的扩大。在国家大力支持下，核科技创新能力快速提升，创新成果直接服务于产业，为核工业发展提供了坚实保障和源源不断的动力。借力产业重组和资本市场，核技术应用产业范围和内涵迅速扩大，在国民经济建设中发挥着重要作用。

第五章

核工业改革的持续深化

在改革开放之初实施战略重点转移后，随着国防科技工业体制改革的实施，核工业调整改革继续深化。中核集团成立后按照中央决策部署实施调整改革脱困，全面走上良性发展道路。主要涉核企业集团按照社会主义市场经济发展要求，不断完善经营体制和机制，向现代化企业迈进。

第一节　核工业发展的战略部署和机构调整

一、中央对核工业发展的决策和部署

1986 年 1 月 21 日下午，党和国家领导人胡耀邦等会见了核工业部的姜圣阶、王淦昌、刘兴忠、闵耀中、黄齐陶、于敏、连培生、钱皋韵、吕得贤、孙祖训等 10 位专家，要求核工业部继续执行“军民结合，保军转民”这个带根本性的指导方针，在“转民”中应以核电为主。

关于核电发展，1986 年 1 月 23 日，国务院常务会议决定：“为了充分利用核工业部现有的技术和生产能力，决定今后核电站建设由核工业部负责。”1986 年 3 月，国务院核电领导小组下发《关于贯彻执行国务院对我国核电领导体制调整决定的通知》。1986 年 3 月 3 日，

王大珩、王淦昌、陈芳允、杨嘉墀 4 名科学家上书中央，提出中国要跟踪世界高技术发展建议，之后中央批准《国家高技术研究发展计划纲要》，即“863”计划，把快堆、高温气冷堆等的研发列入其中。1986 年 6 月，在苏联切尔诺贝利核事故发生后，第六届全国人大常委会第十六次会议讨论了蒋心雄提交的《我国核电建设情况和发展方针》的报告，确定了加强安全、发展核电的方针。1989 年 4 月 11 日，国务院授权和委托中国核工业总公司对核电站的生产、经营、科研、开发和建设实行统一管理，并对核安全管理工作负直接责任。1989 年 8 月 26 日，《国务院核电领导小组办公会会议纪要》指出，中国发展核电要坚持“以我为主，中外合作”的方针不变。2000 年 10 月，《中共中央关于制定国民经济和社会发展第十个五年计划的建议》明确提出“适度发展核电”的方针。2005 年 10 月，根据中共中央关于“十一五”规划的建议，核电发展方针确定为“积极发展核电”。2006 年 2 月 9 日，国务院发布《国家中长期科学和技术发展规划纲要（2006—2020 年）》，确定了未来 15 年力争取得突破的 16 个重大科技专项。“大型先进压水堆核电站及高温气冷堆核电站”名列其中。2006 年 11 月 2 日，中央决定，从美国西屋公司引进 AP1000 核电技术；合作建设自主化依托项目 AP1000 核电机组；在消化、吸收引进技术的基础上自主创新，实现设计并建成具有中国自主知识产权的“大型先进压水堆核电站”科技重大专项目标。2010 年 10 月，《中共中央关于制定国民经济和社会发展第十二个五年规划的建议》明确“在确保安全的基础上高效发展核电”的方针，核电进入安全高效、稳步发展新阶段。

福岛核事故之后，2011 年 3 月 16 日，国务院常务会议作出对全国核设施进行全面安全检查和严格审批新上核电项目等决定。2012 年 10 月 24 日，国务院常务会议通过《核电安全规划（2011—2020 年）》和《核电中长期发展规划（2011—2020 年）》，对日本福岛核事故发生后中国的核电建设作出部署，要求稳妥恢复正常建设，科学布局项目，提高准入门槛。在 2013 年中央经济工作会议上，中共中央总书记习近平和国务院总理李克强都提出要把核电和高铁作为重要出口项目加以推动落实。

为了推进核工业的改革调整，1997 年 9 月，党的十五大对国有企业提出“三年脱困”改革目标，即从 1998 年开始到 2000 年 3 年内，国有及国有控股大型亏损企业扭亏为盈，基本脱困。1999 年 5 月 4 日，国务院办公厅印发《地质勘查队伍管理体制改革方案》，2000 年 6 月 1 日，中共中央办公厅、国务院办公厅下发《关于进一步做好资源枯竭矿山关闭破产工作的通知》。

2014 年 3 月 24 日，在荷兰海牙第三届全球核安全峰会上，国家主席习近平提出“理性、协调、并进”的核安全观，倡导打造全球核安全命运共同体，为新时期中国核安全发展指明方向，为推进核能开发利用国际合作、实现全球持久核安全提供中国方案。

二、核工业的管理体系与机构调整

1988 年 4 月 9 日，第七届全国人大第一次会议批准国务院机构改革方案，撤销核工业部，组建具有行政职能的中国核工业总公司（简称中核总），由能源部归口管理。1988 年 9 月 16 日，经国务院批准中核总正式成立，开始向经济实体转变。1998 年，国务院成立新的国防科工委，负责包括核工业在内的国防科技工业的行业管理。国家核安全局并入国家环保总局，对外保留国家核安全局的牌子。国家环保总局设立核安全与辐射环境管理司，负责全国的核与辐射安全、辐射环境管理的监管。2003 年 11 月 18 日，国务院成立国家核电自主化工作领导小组，国务院副总理曾培炎任组长。2008 年 3 月 11 日，第十一届全国人大第一次会议审议通过国务院机构改革方案，决定设立国家能源委员会，组建国家能源局负责核电管理；成立国家国防科技工业局，保留国家原子能机构的牌子，对核工业等国防科技工业实施行业管理；国家环保总局升级为环境保护部，对外保留国家核安全局的牌子。

1990 年 2 月 26 日，国务院、中央军委明确，原属中核总序列的中国工程物理研究院由国防科工委归口管理，在国家计划中单列。1994 年 9 月 29 日，经国务院批准，中国广东核电集团有限公司成立，实行国家计划单列，并以该公司为核心企业组建中国广东核电集团。1999 年 7 月 1 日，核、航天、航空、兵器、船舶五大总公司均一分为二，改组为十大军工集团公司，在建立供需分离、政企分开新型管理体制方面迈出关键一步。中核总分立为中国核工业集团公司（简称中核集团）和中国核工业建设集团公司（简称中核建集团），自核工业创建以来形成的核工业全产业链保留在中核集团，而中核建集团在中核总建工局基础上组建，是核工业建设队伍的主体。2007 年 5 月 22 日，国家核电技术有限公司成立，实行计划单列，经国务院授权，代表国家对外签约，是实现三代核电技术 AP1000 引进、工程建设和自主化发展的主要载体和研发平台。原属中核集团的上海核工程研究设计院整体划转到国家核电技术有限公司。

2007 年 4 月 18 日，经国务院同意、民政部批准设立的中国核能行业协会成立。

第二节　核工业改革调整的实施与主要成果

一、改革开放初期核工业转民取得的主要成果

在改革开放初期，核工业牢牢把握改革开放带来的机遇，全面贯彻调整方针，取得的成果是多方面的，主要有：

第一，揭开初创时期的神秘面纱，从封闭向开放转变。核工业管理体制、思想观念、工作作风等发生了重大变化，适应改革开放形势和市场经济要求的能力大幅提升。

第二，在国家政策和资金扶持下，陆续建设一批大中型民品项

目，如八一六厂大型化肥项目、四〇四厂和二七二厂的钛白粉项目。各单位发挥自身优势，积极投身国家经济建设主战场，呈现“八仙过海，各显其能”局面，广泛涉足能源、交通、基建、电子、冶金、化工、建材、轻工、纺织、食品、医疗等行业，到20世纪90年代已开发10大类、1300多种民用产品。民品产值按可比价格计算，1992年比1980年增长11.56倍，平均每年递增31.5%。基本形成以核为主、多种经营新格局，对渡过难关、维持生存、保留一支完整的队伍发挥了重要作用。

第三，利用核工业机械加工制造能力，积极加入国民经济建设。根据市场需要，较快开发了一批具有核工业技术专长的仪器、设备、材料等，主要有核仪器、火灾报警器等。其中有些取代进口产品，有些进入国际市场。

第四，将核工业科研、设计等技术能力向民用转移，为民用工业提供技术服务。例如，核工业第二研究设计院开发了啤酒厂的新工艺和设备，深受用户欢迎。核工业部铀矿选冶研究所为广州市红心化工厂研究改进提炼三氧化钨的老工艺，使钨回收率提高8%，缩短生产周期三分之一。

核工业第二研究设计院设计的啤酒厂车间

第五，为国家工程建设特别是重点工程建设服务，承担施工任务。承担上海金山石化总厂、大庆石化、扬州石化、仪征石化等安装工程，在深圳、厦门等经济特区的城市建设工程以质量好、速度快赢得社会信誉，取得较好经济效益。

第六，利用核工业找矿、开矿力量，开发地下资源。进入国家找金行列，为一些缺水地区打井找水。

第七，加强教育工作，把智力开发和人才培养作为一项战略任务来抓。适应改革开放形势下核工业各项工作需求的人才队伍建设，取得显著成效。核工业部成立了华东地质学院和衡阳工学院，有 8 个核工业科研单位也开始招收研究生。同时，核工业的中等专业教育和技工教育也有较大的恢复和发展。

二、核工业的调整改革脱困

20 世纪 90 年代，核工业面临着严峻形势和巨大困难。核工业长期形成的“三个三”问题不仅没有从根本上得到解决，还积累了新的问题。由于产业摊子大、队伍庞大、布局分散，在外部市场需求疲软情况下，全行业多年无法扭转亏损局面。大多数企业严重亏损，债务负担过重；富余人员多，职工生活困难。整个行业成为当时全国最困难行业之一，形势十分严峻。核工业存在的问题和困难，是在特殊历史背景下逐步积累形成的。一是体制机制与市场经济严重不适应。在特定历史条件下发展起来的核工业，逐步积累形成具有很强独立性的庞大体系，自我封闭格局一直没有真正打破。二是缺乏生存发展的支撑。相当数量单位传统业务严重萎缩而无法支撑单位生存，由于地处偏远，交通不便，转型发展更困难重重。三是思想观念相对滞后。旧的思想观念和行为习惯一时难以扭转，体制机制落后于地方和民营企业。

1999 年中核集团成立后，按照中央决策部署和国防科工委等部门的具体安排，提出核工业调整改革脱困的思路和做法是：以精干、浓缩核主业为原则，以最大限度提高整体经济效益为目标，统筹安排，分类实施，通过地质队伍属地化压缩一部分、通过铀矿冶专项关闭一部分、通过破产销号一部分、通过军民分线分立剥离一部分、通过资产划转移交一部分、通过资产重组优化一部分、通过债转股加强技术改造扶持一部分，即“七个一部分”脱困方案。通过调整改革实现企业脱困，建立完整、精干、高效的核工业体系。

调整改革脱困是一项复杂的系统工程，关系重大，政策性强，牵涉面广。为落实党中央和国务院决策部署，实现核工业调整改革思路目标，国家有关部门和中核集团精心谋划、精心组织，采取一系列行之有效的重大措施，主要包括：制定切实可行目标、建立组织保证体系、强化政策宣传和思想政治工作、争取优惠政策和各方支持、各级领导深入一线解决问题、规范操作、建立社区、多措并举维护稳定，把解决实际问题和思想问题结合起来。

2010 年 5 月 17 日，八二一厂所属五洲工业公司破产终结，标志这一时期中核集团调整改革脱困工作的最终完成。调整改革脱困的成效主要表现在：实现主辅分离，形成高效新型科研生产体制；基本解决历史遗留问题，轻装上阵参与市场竞争；大幅精简并安置人员，队伍更加精干；摆脱困境，经济状况根本好转；民生状况大为改善，职工凝聚力增强；更新思想观念，增强市场意识。通过调整改革脱困，中核集团体制机制得到改变，经济效益大大提高，走上良性发展道路。

经过调整改革，中核集团于 2002 年实现补后盈利目标，扭转连续 10 多年全行业亏损局面。2004 年，中核集团实现了补前盈利，随后经济效益不断提高，并连续在国务院国有资产监督管理委员会（简称国资委）中央企业负责人经营业绩考核中荣获 A 级，迈上良性发展之路。

第三节 核军工科技研发持续推进

一、中子弹研制成功

1988年9月29日，中国成功进行中子弹试验，其实测威力、中子剂量、中子杀伤半径与冲击波半径比值均达到设计指标。试验的成功标志着中国成功掌握中子弹设计与制造技术，在核武器发展中实现新的技术跨越。

二、潜射导弹发射成功

1988年9月15日，核潜艇水下发射“巨浪”-1潜射导弹成功，标志着中国完全掌握了核潜艇水下发射弹道导弹技术。

“巨浪”-1导弹是中国第一型潜射导弹，也是第一型固体燃料弹道导弹，性能先进，安全性高，发射准备时间短，对提高战略核反击能力，保障国防安全具有重要战略意义。

三、成功进行地下核试验

1986年，中国宣布暂停大气层核试验。其后，多次进行地下核试验，都取得预期成果。1996年7月29日，中国成功进行了第45次核试验。同一天，中国政府宣布，从1996年7月30日起，中国暂停核试验。中国政府在《新闻公报》中再次声明：“中国进行必要而有限制的核试验，发展核武器，完全是为了防御，其最终目的是为了消灭核武器。我们再一次庄重宣布，在任何时候，任何情况下，中国都不会首先使用核武器。”

研制核武器，美国进行了1000多次核试验，苏联进行了700多次。中国按照“一次实验，多方收效”的原则，只进行了 45 次核试验（其中大气层核试验 23 次，地下核试验 22 次）就基本达到他国数百次核试验的成果，实现了原子弹、氢弹、导弹核武器、中子弹等一系列里程碑式跨越发展。核武器科学技术跻身世界先进行列，形成完整的核武器自主研发创新体系。多种型号核武器批量生产并服役，大大增强了国防力量，提高了国际地位。

四、第二代核潜艇研制成功

从第一艘核潜艇“长征 1 号”服役以来，中国核潜艇事业历经 30 余年发展，研制出第二代核潜艇，为海军水下作战能力与战略威慑能力增添了新力量。

第六章

核电的建设与发展

核电作为低碳清洁能源，在国家能源发展和结构优化中有着重要作用，是核工业转民的支柱产业。只有发展核电并形成一定规模，核燃料循环各产业环节才能以需求保能力和促发展，才能保持核科技持续发展的需求动力，带动核科技人才的培养，保持核大国地位。在党和国家的正确领导和科学部署下，中国核工业发扬锲而不舍、百折不挠的精神，实现了中国大陆核电建设的历史突破。核电作为核工业调整转民的最大成果，为核工业长远发展奠定了坚实的基础。

第一节　秦山核电站和大亚湾核电站的成功建造

1985 年 3 月 20 日，被誉为“国之光荣”的秦山核电站核岛主厂房底板浇注第一罐混凝土，1991 年 12 月 15 日成功并网发电，结束了中国大陆无核电的历史。1994 年 2 月 1 日，作为“改革开放的成功范例”的大亚湾核电站 1 号机组投入商运，实现中国大型商用核电站零的突破。

一、秦山核电站建设

秦山核电站完整走过从科研开发、设计、建造、设备制造、运行管理、维修维护和技术改造全过程，真正做到“知其然又知其所以然”，拉动核燃料产业，带动装备制造、电子仪表等行业技术水平的提升。

（一）工程建设

1985 年 3 月 20 日，秦山核电站核岛主厂房底板浇注第一罐混凝土，开创了中国核电建设的新时代和中国核工业发展的新纪元。

负责土建施工的核工业二二、二七建设公司，采用多级网络管理方法控制工程进度，通过自检和专业部门检查相结合控制质量。

核工业二三安装公司负责核岛设备安装，浙江省火电建设公司负责常规岛设备安装。在施工安装现场，依靠科技攻关解决大量技术难题。衔接土建和安装的关键工序是贯通压力容器、蒸汽发生器和主泵主管道的焊接，核工业二三安装公司等单位组成攻关小组，摸索到最佳焊接工艺，经专家评审焊接质量全部优秀。经评估，核岛与常规岛安装工程合格率 100%，核岛优良率 91%、常规岛 98%以上。

（二）联合调试、并网运行及技术改造

1989 年 6 月，以秦山核电站和上海核工院为主体成立联合调试队，顺利完成全部 251 项调试项目，取得 6 个具有里程碑意义的重大试验一次试验成功的好成绩。

1991 年 12 月 15 日秦山 30 万千瓦核电机组成功并网发电，1994 年 4 月 1 日秦山核电站投入商业运行。

调试并网后，秦山核电站进行大量技术改造。通过持续不断技术改造和创新，使设备系统可靠性、机组整体安全性和经济性大幅度提高。原型堆变成安全稳定运行的商用堆，从 2010 年起机组额定功率从 31 万千瓦提升到 32 万千瓦。

中核总总经理蒋心雄、副总经理赵宏在秦山核电站首次并网发电的现场

（三）建设经验

秦山核电站作为中国大陆第一座核电站，使中国成为继美、英、法、苏联、加拿大、瑞典之后，世界上第七个能够自行设计、建造核电站的国家。这是核工业在第二次创业中取得的重大成果。秦山核电站的建成，圆满实现周恩来“掌握技术、积累经验、培养人才”嘱托，极大提升了自主发展核电的能力和水平。

秦山核电站建设成功，积累了较多经验，主要有：一是坚持自力更生与对外开放相结合；二是坚持科研先行，重在掌握技术；三是始终把安全和质量放在第一位；四是调动各方面积极性，大力协同，团结合作；五是集中统一领导和严格科学管理；六是重视职工队伍建设和加强思想政治工作。

秦山核电站的重大突破，使核科技工业力量有了新的用武之地，核燃料工业有了新的市场。秦山核电站培养和输送一大批科技与管理人才，活跃在后续建设的各核电站。

实现中国大陆核电“零的突破”的秦山核电站

二、大亚湾核电站建设

大亚湾核电站项目是改革开放初期中国最大的引进项目。该项目从法国和英国引进三环路百万千瓦级压水堆技术（后命名为 M310）、成套设备、建造技术、建设资金及管理经验，成功实现了中国大陆大型商用核电站的起步，为中国核电事业发展奠定了基础，为粤、港两地的经济和社会发展作出了贡献。

（一）三大合同及贷款协议的签订

大亚湾核电站项目，先由水电部负责早期筹建，1986 年划归核工业部。

1986 年 4 月 26 日，苏联发生震惊世界的切尔诺贝利核事故。受此影响，刚刚起步的大亚湾核电站面临夭折危机。在命运攸关之际，邓小平作出核电站要继续建下去的指示，香港“反核风波”在党中央和国务院的正确决策及有关部门与单位的共同努力下逐渐平息，使大亚湾核电站建设继续前行。

1986 年 9 月 23 日，在北京人民大会堂云南厅，广东大亚湾核电站与法国、英国正式签订核岛设备及核燃料组件供应、常规岛设备供应、工程服务三大合同和法、英两国贷款协议。

（二）引进先进管理理念和人员培训

建设大亚湾核电站，全面引进资金、技术、设备、人才、管理、经验，用现代核电工程建设方法以及现代大型商业核电站生产准备和运营标准实现高起点起步。1984 年，为核电站建成后顺利接产运行，启动生产运行人员招聘、培训和核电站生产运行准备及规划工作。1989 年 4 月派出第一批一级培训学员到法国核电站实地培训，随后又派出第二批、第三批，培训期平均约为一年，平均每人培训费约 130 万法郎（约 26 万美元），由此产生把操纵员称为“黄金人”的说法。

（三）工程建设

大亚湾核电站 1987 年 8 月 7 日开工建设。在大亚湾核电站建设中，质量、进度、投资三大控制的核心是质量。为切实确保质量，在设备制造、出厂试验验收、建安施工中组织专家按规范严密检查，凡不达标都返工重做或修复达标，积累了丰富经验和深刻教训。

改革开放的成功范例——大亚湾核电站

1993 年 7 月 28 日，大亚湾核电站 1 号机组反应堆首次达到临界。1994 年 2 月 1 日，大亚湾核电站 1 号机组投入商运，实现中国大型商用核电站零的突破。5 月 6 日，2 号机组投入商业运行。1997 年 7 月 1 日，大亚湾核电站提前两年由中方人员接任厂长，开始自主运行管理。

（四）运行管理和技术改进

大亚湾核电站投入商运以后，一直保持较高能力因子和负荷因子，运营业绩达到并保持在世界同类核电站先进水平，为“以核养核、滚动发展”奠定比较坚实的经济基础。借鉴国外成功经验，全员实行严格的授权上岗、定期复核、终身培训制度，使运营队伍水平不断提高。

大亚湾核电站自投入商业运行后，每年投入大量资金进行技术开发和创新，先后进行 700 多项技术改造，实现安全技术水平升级，极大提高安全性和经济性。

（五）建设经验与重大意义

大亚湾核电站是改革开放的产物，是现代企业制度的有益尝试。在人才培训、施工管理、调试运行等方面，为百万千瓦级商用核电站自主化和国产化积累了经验。

总结大亚湾核电站的建设与运行实践，可以得出以下经验和启示：（1）改革开放带来的国家投资、融资体制的改革是大亚湾核电站成功建设的基本条件；（2）现代企业制度的建立是大亚湾核电站建设与发展的重要保障；（3）“安全第一、质量第一”是大亚湾核电站建设与发展的生命线；（4）全国大力协同是大亚湾核电站成功建设的有力保障；（5）培养一支优秀的职工队伍是大亚湾核电站建设与发展的基础。

第二节　核电站的小批量和规模建设

中国核电实现起步后，开始小批量和规模建设。随着核电建设规模的不断扩大，核电建设模式持续优化，建设能力快速发展，积累了不同堆型和机型核电站建设的丰富经验。

一、核电站的小批量建造

“九五”（1996—2000 年）期间，共开工建设秦山核电二期等 4 个核电工程。

秦山核电二期工程（简称秦山二期）是中国自主设计的首座大型商用压水堆核电站，设计装机容量为两台 60 万千瓦压水堆核电机组。核二院为设计总包院，总设计师叶奇蓁。核二院协调中国核动力研究设计院（简称核动力院）、上海电力设计院，突破设计难题，满足建设要求。1986 年 4 月，彭士禄担任秦山核电二期联营公司董事长，负责秦山二期的筹建。1996 年 6 月 2 日，项目主体工程开工。秦山二期实施“业主负责制—招投（议）标制—工程监理制”项目管理模式，有效实施质量、进度、投资三大控制。2002 年 4 月 15 日和 2004 年 5 月 3 日，1、2 号机组先后投入商业运行。秦山二期工程建设的完成，标志中国核电实现三大历史性跨越：由引进先进技术并消化吸收，进而大幅度提高自主研制能力的跨越；核电建设由行政安排到按市场经济规律运作的跨越；30 万千瓦原型堆到 60 万千瓦商用堆的跨越，为自主设计、建造百万千瓦级核电机组打下基础。

秦山核电三期工程（简称秦山三期）是中国首座商用重水堆核电站，中加合作最大贸易项目。重水堆是用重水为慢化剂的反应堆，突出优点是可直接用天然铀作燃料。秦山三期采用坎杜堆型设计，总装机容量为 2×72.8 万千瓦。工程由中核总和加拿大原子能有限公司（AECL）

秦山二期工程安装中国自行制造的60万千瓦汽轮发电机

签订合同，共同承建。1998年6月8日，秦山三期一号机组正式开工。秦山三期建立工程质量、进度和投资三大控制的项目管理模式和组织体系，采用项目法人负责制、招投标制、工程质量监理制和合同管理制，并探索建立“垂直管理，分级授权，相互协作，横向约束，程序化和信息化运作”管理模式。2002年12月31日，秦山三期1号机组投入商业运行。2003年7月24日，2号机组比计划提前112天投入商业运行。秦山核电三期工程的建设，为中国掌握先进燃料重水堆回收铀技术、实现工业钴-60源的国产化生产提供了条件。

田湾核电站一期工程1、2号机组（单机容量106万千瓦）和之后的二期工程3、4号机组（单机容量112.6万千瓦），4台机组均采用俄罗斯VVER-1000改进型核电机组，是中、俄两国政府加深政治互信、发展经济贸易、加强国际战略协作、共同推动中俄核能合作的标

秦山三期工程组装反应堆排管容器

志性工程。1、2 号机组是在总结 VVER-1000/V320 型机组设计、建造和运行基础上，按照国际通行核安全法规，采用先进技术做出的改进型设计，某些方面已具有第三代核电技术的特征。1999 年 10 月 20 日，田湾核电一期工程开工建设。1、2 号机组分别于 2007 年 5 月 17 日和 8 月 16 日投入商业运行。

岭澳核电站规划建设 4 台百万千瓦级压水堆发电机组。一期工程建设 2 台机组，采用大亚湾核电站技术翻版加改进方案。岭澳一期的建设和运营为中国核电发展积累了宝贵经验，为推进核电自主创新、探索形成自主品牌百万千瓦级核电技术路线 CPR1000，全面实现中国百万千瓦级商用核电站自主化、国产化奠定了良好基础，整体国产化率达到 30%。1997 年 5 月，主体工程开工，工程建设中加大了自主化和国产化力度，实现了建安施工自主化，主承包商全部由中方单位承担。1、2 号机组分别于 2002 年 5 月 28 日和 2003 年 1 月 8 日投入商业运行。

田湾一期反应堆厂房双层安全壳施工

岭澳一期国产首台百万千瓦级核电蒸汽发生器运抵现场

二、核电站的规模建设

核电站的规模建设阶段，是核电装机容量增加较多、开工建设机组比较集中的时期。在21世纪第一个10年，迎来核电快速发展时期，中核集团、中广核、中电投集团等积极展开新核电工程建设，开发新核电厂址。共兴建岭澳二期、秦山二期扩建、红沿河、宁德、福清、阳江、方家山、三门、台山、海阳、昌江和防城港等12个核电工程，共计31台核电机组。

岭澳核电二期工程采用自主品牌的第二代改进型压水堆（CPR1000）技术路线，实现了“自主设计、自主制造、自主建设、自主运营”。通过岭澳核电站二期工程的建设，中国建立和完善了百万千瓦级核电设计与建造技术标准体系，形成了一系列核电行业标准和专利成果，培养了一大批核电行业专业人才，为推进中国核电批量化、系列化、标准化发展，为中国自主研发新一代核电技术奠定了坚实的实践基础。

在继续建设第二代改进型核电机组的同时，国家作出了引进世界先进第三代核电技术的重大决策，开启了第三代核电自主化进程。引进美国AP1000技术建设的4台机组（三门核电一期工程1、2号机组和海阳核电一期工程1、2号机组，单机功率均为125万千瓦）、引进欧洲EPR技术建设的2台机组（台山核电一期工程1、2号机组）先后开工建设，中国核电技术开始由第二代改进型向第三代转变。

AP1000 全球首堆三门核电一期工程外景

台山核电工程施工现场夜景

2012 年 12 月 27 日，田湾核电二期开工建设，是 2011 年日本福岛核事故后，国家重启核电建设第一个获准开工的核电项目。

三、海外核反应堆和核电工程建设

中国中原积极响应国家“走出去”和“一带一路”倡议，活跃在海外工程建设第一线，开创了中国核工业走向世界的多个里程碑。

（一）阿尔及利亚比林核研究中心项目

阿尔及利亚是最早与中国开展核能合作的国家之一，中国中原为阿方设计建造以 15 兆瓦重水研究堆为核心的比林核研究中心。

1986 年 12 月 27 日，中国中原与阿尔及利亚高级科研署签署《重水反应堆工程合同》（即比林一期工程）。比林一期工程作为中国第一个大型核设施出口项目，是中国民用核技术出口的一个里程碑。

1990 年 12 月 26 日，中国中原与阿尔及利亚高级科研署签署比林二期工程合同。原子能院主要承担工程的设计、调试，以及人员培训和技术转让等任务。1993 年 12 月和 1996 年 6 月，中阿双方在比林工程现场先后签订了一、二期工程最终验收协议。在 1993 年国际原子能机构（IAEA）年会上，该项目被IAEA誉为“南南合作的典范”。

出口阿尔及利亚比林研究中心的15兆瓦重水研究堆外观

（二）巴基斯坦恰希玛核电项目

巴基斯坦恰希玛核电项目是中国出口的第一座商用核电站。1991年12月31日，中国和巴基斯坦在北京正式签订恰希玛C-1项目核电站合作协议。中国向巴基斯坦出口30万千瓦核电站，中方以“交钥匙”方式承建一台30万千瓦核电机组。这是中国核电技术与成套装置第一次出口，是“零的突破”。

1993年8月1日，C-1项目正式开工，2000年8月21日，实现满功率运行，9月25日通过临时验收。C-1项目自投入商业运营以来，运行业绩良好，负荷因子平均在85%以上。

2004年5月4日，签订C-2项目合同。C-2项目借鉴C-1项目和国内核电项目的成功经验，打造了简化实用的海外工程管理模式——大分包、少合同，少接口、重协调。2011年5月12日，项目实现提前111天验收。

2011年3月4日C-3项目正式开工，2016年12月6日通过验收。2011年12月28日C-4项目正式开工，2017年9月26日比计划提前36天验收。

巴基斯坦恰希玛核电站 4 台机组外景

C-1 到 C-4 项目的建成投运，缓解了巴基斯坦电力紧缺困境，推动了巴基斯坦的经济建设，提升了当地人民的生活质量。

第三节 核电技术的发展

经过自主创新与引进、消化、吸收、再创新，中国核电技术研发经历了自主研制 30 万千瓦级原型堆核电站，引进法国 M310 压水堆技术、加拿大重水堆技术、俄罗斯 VVER 压水堆技术、美国 AP1000 第三代核电技术、欧洲 EPR 第三代核电技术，自主研发设计 60 万千瓦级核电站、第二代改进型百万千瓦级核电站、第三代核电技术“华龙一号”和 CAP1400、第四代核电技术等过程。

一、第二代核电技术的改进

M310 核电技术是法国法玛通公司设计的第二代压水堆核电站 90 万千瓦电功率的三环路标准化版本的出口型，国内最早引进在大亚湾核电站。

岭澳核电站一期以大亚湾核电站为参考，结合经验反馈、新技术应用和核安全发展的要求，实施了37项重要技术改进；之后以大亚湾和岭澳核电站为参考建设的核电站，持续采取了新的技术改进，核电站的技术和经济指标不断提升，设备国产化率不断提高。

二、第二代改进型核电技术自主品牌的研发

通过在多座核电站设计中采取的技术改进，中核集团和中广核形成了各自的自主品牌第二代改进型核电技术。

岭澳核电二期工程在一期的基础上，采取了16项安全技术改进，如采用全厂数字化仪控技术、半速汽轮发电机组等，建立和完善了百万千瓦级核电设计与建造技术标准体系，取得了一系列核电行业标准和专利成果，形成了中广核自主品牌CPR1000第二代改进型核电技术。

中核集团在20世纪末即开始第二代改进型核电技术的研发。1999年7月，启动百万千瓦级压水堆核电厂概念设计。“十五”期间，推出百万千瓦级压水堆核电站设计方案，定名为CNP1000，2004年完成初步设计。2007年4月，在CNP1000基础上，确定采纳177堆芯、双层安全壳、单堆布置等22项重大技术改进，并将CNP更名为CP1000。在前期研发的基础上，由核二院、核动力院合作开展CP1000工程总体设计、初步设计工作。

三、第三代核电技术的引进

在引进最新核电技术的战略背景下，2004年5月，中国政府启动第三代核电自主化依托项目核岛国际招标工作。2006年，中国政府作出引进美国AP1000第三代非能动大型先进压水堆核电技术、高起点实现核电自主化发展的战略决策。2007年5月22日，成立国资委管理的大型骨干企业国家核电技术公司（简称国家核电），由国家核电负责技术引进、消化、吸收和再创新，并以浙江三门、山东海阳作为

第三代核电AP1000自主化依托项目（简称依托项目）的两个厂址，建造世界首批4台AP1000机组。2007年7月24日，国家核电、三门核电有限公司和山东核电有限公司作为联合采购方，共同与西屋联队签署了《核电自主化依托项目AP1000核岛合同》。

第三代核电技术AP1000单机功率125万千瓦，核电站设计寿命为60年。AP1000采用模块化设计与建造技术，最大特点是采用“非能动安全系统”，及时冷却反应堆厂房并带走反应堆产生余热，减缓设计工况中有可能发生的意外事故进程和后果，大大提高核电站安全性。

2007年，中国从法国引进欧洲第三代核电技术EPR（欧洲先进压水堆），建设台山核电一期工程。该工程是中法两国在能源领域的最大合作项目，建设两台单机容量为175万千瓦的核电机组。台山核电合营有限公司是由中国广核集团、法国电力公司、粤电集团公司共同投资的中外合资企业，负责台山核电站一期工程的资金筹措、建设、运营和管理，并承担最终核安全责任。

EPR是20世纪90年代末由法国法玛通公司和德国西门子公司联合开发，其设计综合了法国N4核电站和德国Konvoi核电站的优点和运行经验反馈，是全面满足欧洲电力公司要求文件（EUR）的第三代改进型先进压水堆核电站。安全系统仍保持能动基础，通过增加安全系列，采用多样化设施，改进技术，加强严重事故对策，提高设备可靠性，来提高安全性，并采取一些措施，降低发电成本。

四、第三代自主核电技术的研发

“华龙一号”和CAP1400是中国具有完整自主知识产权的第三代核电品牌。

（一）“华龙一号”的研发成功

中核集团以30余年核电站科研、设计、建造、调试、运行经验和核电发展、研究成果为基础，借鉴国际先进第三代核电技术设计理念，充分汲取福岛核事故经验教训，历经几十年艰辛努力，老中青三代中核人接续奋斗，研发出具有完整自主知识产权的第三代压水堆核电品牌 ACP1000。ACP1000 设计全面平衡贯彻核安全纵深防御设计原则和设计可靠性原则。堆芯采用 177 组燃料组件，采用双层安全壳、单堆布置、"能动与非能动相结合的安全设计理念"，以可有效应对动力源丧失的非能动安全系统作为经过工程验证、高效、成熟、可靠的能动安全系统的补充，提供多样化手段满足安全要求。

中广核在 30 余年引进、消化、吸收国外压水堆技术基础上，充分考虑中国装备制造业现实基础，按照中国最新安全标准要求以及美国和欧洲的相关安全要求，借鉴日本福岛核事故经验教训，自主创新研发第三代核电品牌 ACRP1000＋。该型号采用单堆布置、双层安全壳、三个安全系列、157 组燃料组件，自主产权数字化仪控系统（DCS）的和睦系统，能动与非能动结合，具有先进、经济、成熟、可靠的第三代核电技术特点。2012 年 11 月，ACPR1000＋通过中国核能行业协会组织的专家审查。

基于中核集团、中广核前期工作的基础，国家提出融合"华龙一号"。2013 年 4 月 25 日，国家能源局主持召开自主创新第三代核电技术合作协调会。2014 年 8 月 22 日，"华龙一号"总体技术方案通过国家能源局和国家核安全局联合组织的专家评审。专家组一致认为，"华龙一号"成熟性、安全性和经济性满足第三代核电技术要求，设计技术、设备制造和运行维护技术等领域的核心技术具有自主知识产权，是目前国内可以自主出口的核电机型，建议尽快启动示范工程。为此，两集团签署《关于自主第三代百万千瓦核电技术"华龙一号"技术融合的协议》。

"华龙一号"是在中国 30 余年核电科研、设计、制造、建设和运行经验基础上，充分借鉴国际第三代核电安全理念，深刻吸取日本福岛核事故教训，满足中国和国际最高安全标准而研发的第三代先进压水堆核电机型。“华龙一号”具有先进性与成熟性统一、安全性和经济性平衡、能动和非能动结合、满足 72 小时电厂自治要求、采用 177 堆芯、使用大容积双层安全壳、能抵御类似日本福岛核事故、对海啸和外部洪水采取有效防范措施、能承受大型飞机撞击等特点。2015 年，中国核电工程公司邢继作为总设计师当选 CCTV “年度十大科技创新人物”、2015 年国防科技工业十大创新人物（团队）。

（二）CAP1400 的研发

2008 年开始，在国家能源局牵头组织、国家核电公司牵头实施下，上海核工院联合国内 400 多家单位、26 000 余名技术人员开展科研攻关，组织开展研发 CAP1400 先进型号，被列入 16 个国家科技重大专项之一。

2014 年 1 月，CAP1400 初步设计通过国家能源局评审。第三代核电技术 CAP1400 是应用非能动设计理念，通过重大专项科研攻关，成功实现再创新的重大科技成果。研发 CAP1400，全面提升了核电设计、试验、安全审评、协同创新、装备制造等国家能力。在研发过程中，引导资源充分利用与共享，搭建众多政产学研用合作平台，促进科研合作、技术集成和创新集聚。

五、第四代核电技术的自主研发

第四代核电技术有 6 种堆型设计方案，包括带有先进燃料循环的钠冷快堆（SFR）、铅冷快堆（LFR）和气冷快堆（GFR）三种快中子堆和超临界水冷堆（SCWR）、超高温气冷堆（VHTR）和熔盐堆（MSR）三种热中子堆。这些设计的目的是要达到大幅减少放射性废物、更充分利用铀资源、降低核电站建造和运营成本，以及更好控制核扩散，保证核能技术的和平利用。

2006 年，中国正式加入第四代核能系统国际论坛（GIF），在组织宪章及合作框架下，进行第四代核能系统国际合作。

中国自主研发的第四代核电技术主要有：钠冷快堆、高温气冷堆、超临界水冷堆、铅铋快堆和钍基熔盐堆。

（一）钠冷快堆研发

快堆是快中子增殖堆的简称，是国际上公认的第四代先进核能系统的主力堆型。快堆可将天然铀资源的利用率从压水堆的1%提高到60%～70%，可充分有效利用铀资源，促进核电可持续发展，有利于建立先进燃料循环体系，还可以嬗变压水堆产生的长寿命核素以实现放射性废物最小化。徐銤是中国实验快堆事业的开拓者之一，坚持快堆研究50余年，提出了快堆技术“三步走”发展战略，确立了实验快堆跨越发展的中国模式，为中国核电技术迈入世界先进行列作出了重要贡献。

1986年，与快堆研究有关的人员、设备、仪器和资料从四川迁回北京，在原子能院堆工所成立快堆研究室。1992年3月，国务院批准建设一座热功率65兆瓦、电功率20兆瓦的实验快堆。中国实验快堆采用堆本体池式结构和钠-钠-水三回路传热系统，具备发电功能，具备相关条件以开展辐照考验试验，是国际上为数不多的高性能中子辐照平台。

中国实验快堆外景

2010 年 7 月 21 日，中国实验快堆首次实现临界，作为国家中长期科技发展规划前沿技术研发目标之一，实现了快堆发展的第一步。2011 年 7 月 21 日，中国实验快堆成功实现并网发电。

2014 年 12 月 18 日，中国实验快堆首次实现满功率稳定运行 72 小时，主要工艺参数和安全性能指标达到设计要求和第四代先进核能系统要求。中国全面掌握了快堆设计、建造、调试、运行核心技术，在占领核能技术制高点、建立可持续发展的先进核能系统上跨出重要一步，进入快堆技术世界先进国家行列。

（二）高温气冷堆核电技术研发

高温气冷堆用氦气做冷却剂，由于氦气化学稳定性好，传热性能好，而且诱生放射性小，停堆后能将余热安全带出，安全性能好。高温气冷堆核电站具有良好固有安全性，它能保证反应堆在任何事故下不发生堆芯熔化和放射性物质大量释放，还具有发电效率高、燃耗深、转换比高等优点。

中国高温气冷堆研发始于 20 世纪 70 年代中期，主要研究单位是清华大学核能与新能源技术研究院（简称清华大学核研院）。1986 年，在国家“863”计划支持下，清华大学正式开始 10 兆瓦高温气冷堆实验堆的研发；2000 年 12 月，实验堆建成达到临界；2003 年 1 月，实现满功率并网发电及系列运行试验和安全试验。10 兆瓦高温气冷堆实验堆的建成标志着中国高温气冷堆技术研发取得突破性成果，基本掌握核心技术和系统设计集成技术，处于国际先进行列。

2004 年 8 月，国家发改委批准开展高温气冷堆核电站前期工作。2004 年 9 月底，由国际原子能机构主持，清华大学核研院在 10 兆瓦高温气冷堆实验堆上进行固有安全验证实验。实验结果显示，在严重事故下，包括丧失所有冷却能力情况下，不采取任何人为和机器干预，反应堆能保持安全状态，并将剩余热量排出。

2006 年 1 月，国务院将大型先进压水堆和高温气冷堆核电站示范工程列入国家科技重大专项。

2008 年 2 月，高温气冷堆核电站重大专项实施方案获国务院批准，专项牵头实施单位为清华大学核研院、华能山东石岛湾核电有限公司、中核能源科技有限公司。2011 年 3 月 1 日，山东荣成石岛湾核电站通过国务院审批。2012 年，石岛湾核电站正式开工建设。

（三）超临界水冷堆研发

第四代核能系统 6 种堆型中，超临界水冷堆是唯一的水冷堆，具有机组热效率高、系统简化、主要设备和反应堆厂房小型化、技术继承性好、核燃料利用率高等优点。从 2003 年起，核动力院开始跟踪超临界水冷堆国际发展动态。2007 年，由上海交通大学牵头，联合核动力院、中科华核电技术研究院、原子能院等多家科研院所和清华大学等高校，承担了科技部“973”项目“超临界水冷堆关键科学问题的基础研究”。

2014 年 4 月，由核动力院和中科华核电技术研究院牵头，中国正式加入第四代核能系统超临界水冷堆国际论坛（GIF-SCWR），共享成员国在该领域的科研成果。下一阶段，中国主要工作是完成超临界水冷堆关键技术攻关，为该技术走向应用打下坚实的基础。

（四）铅铋快堆研发

除了实验快堆（钠冷快堆）外，中国还开发研究铅铋快堆。2005 年 7 月，中国首座快热耦合次临界反应堆（ADS）——“启明星”Ⅰ号在原子能院建成并达到临界，成为国际原子能机构开展 ADS 实验研究的基准装置。

中国在铅铋快堆研发领域已跻身国际前列。“启明星”系列零功率堆，是中核集团为开发先进反应堆工程技术而自主设计和建造的国内唯一的重要反应堆物理实验平台。

"启明星" Ⅰ号

(五) 钍基熔盐堆研发

2011 年，中科院围绕国家能源安全与可持续发展需求，部署启动了首批中科院战略性先导科技专项（A 类）"未来先进核裂变能——钍基熔盐堆核能系统（TMSR）"，计划用 20 年左右的时间，在国际上首先实现钍基熔盐堆的应用。专项依托中科院上海应用物理所，上海有机所、上海高研院、长春应化所、金属所等 10 家院内外科研单位参与。

第四节　核电建造能力的提升

随着国家核电建设的提速，核电建造企业面临难得机遇和巨大挑战。中国核电站施工建造率先实现自主化。核电施工建造技术不断创新，为中国核电国产化作出重大贡献，并得到国际业界认可。

一、核电工程建设模式的演进

20 世纪八九十年代，核电工程建设实行业主负责制。一个业主一套班子，电站建成后业主建设管理资源基本闲置，既不能实现技术和经验共享，也不利于实施专业化运作。而国际上大型工程建设模式通行的是工程总承包（EPC）模式。以设计为龙头的工程总承包模式最大特点是实行设计、工程管理一体化，达到工程项目资源最佳配置，减少沟通环节，真正体现风险与效益、责任与权利、过程与结果的统一。

2004 年，中广核设立中广核工程有限公司，成为中国首家专业化核电工程建设和管理公司，具备一流的工程总承包能力，能够为核电工程建设和新项目开发提供全方位的规范化、现代化和国际化服务。中广核工程公司成立后，承担了多座核电站建设的总承包。

2007 年 7 月 6 日，国核工程有限公司正式挂牌，努力建立一套以先进的进度、费用、质量、安全“四大控制”为基础的，具有自主知识产权的核电工程管理体系。该公司持续发展大型先进压水堆核电站标准化建设管理模式，提供低碳清洁能源的解决方案和总集成服务。

2007 年 12 月，中核集团为加强集团化运作、集中优势资源、发挥整体优势，重组成立中国核电工程有限公司。该公司是以核工程研发、设计为龙头的工程总承包单位，集核工程研发、规划、设计、总承包、核电站运行支持服务、工程监理等全功能于一体；是国内最大的综合性核电总体研究设计单位；是国内唯一经历核电技术引进、消化、吸收，完成百万千瓦级核电站自主设计、并形成第三代核电技术自主品牌的研究设计单位；也是核电行业中承担和完成核电工程设计项目最多的单位。2008 年 4 月，中国核电工程有限公司首次承担福清、方家山两个核电工程的总承包，之后陆续承担昌江、田湾、漳州等核电站 20 多个核电工程建设的总承包。

二、核电建安工程的主要企业

在核电工程建设领域，中国核建及所属建设企业，在不同时期安全、优质、高效完成中国压水堆、实验快堆、重水堆等多种不同堆型核电站的建造，具有 30 万、60 万、70 万、100 万千瓦级各个系列机组的建造能力与业绩，具备同时承担 40 台核电机组的建造能力。中国核建已发展成为中国核电工程建设领域历史最久、规模最大、专业一体化程度最高的企业，是全球唯一一家连续 30 余年不间断从事核电建造的领先企业。在土建施工和设备安装方面，主要企业有中国核建所属中国核工业第二二、二三、二四、华兴、第五、中原建设有限公司，以及中核机械工程有限公司、郑州中核岩土工程有限公司等。

2011 年 10 月 22 日，国际原子能机构在中国核建设立核电建设国际培训中心（ICTC），成为中国向世界分享核电发展经验的重要平台。

三、核电装备制造的主要企业

中国一重集团有限公司（简称中国一重）始建于 1954 年，是国内最大核电锻件供应商，国内核电锻件市场占有率 80%以上。中国一重在富拉尔基有世界最大铸锻钢生产基地；在大连建立世界最先进核电主设备、重型石化容器制造基地；在天津建立世界最先进成套设备制造基地。

中国二重集团有限公司（简称中国二重）隶属中国机械工业集团有限公司，是国家重大技术装备国产化基地和中国最大、最重要的新能源装备制造基地之一。中国二重总部设在四川省德阳市，具备成套供应第二代改进型和 AP1000 锻件的装备制造能力，产品已应用于红沿河、宁德、防城港、福清、三门、海阳等核电站。

东方电气集团有限公司（简称东方电气）是全球最大发电设备制造和电站工程总承包企业集团之一，在国内率先进入百万千瓦核电领域，具备批量化核岛主设备和常规岛汽轮发电机组的供货能力。1996年参与岭澳一期核电站核岛和常规岛主设备分包供货，2007年开始批量化承担国内第二代改进、第三代核电核岛和常规岛设备供货。

上海电气核电集团隶属于上海电气集团股份有限公司。作为专业化生产核电站反应堆压力容器、蒸汽发生器、稳压器、堆芯补水箱等核岛主设备制造企业，通过与国际核电制造主要企业展开技术合作，实现产品智能制造。为核电站供货的产品中，包括全球首台AP1000稳压器、堆芯补水箱，世界首批AP1000反应堆压力容器，国内首批EPR蒸汽发生器等。

吊装中的反应堆压力容器

哈尔滨电气集团公司（简称哈电集团）生产的重型燃气轮机占国内市场份额的三分之一，核电设备占国产装备总量的三分之一。在核电常规岛设备领域实力较强，设备已运用到昌江、宁德、阳江等核电站。

在秦山核电站建设中，核工业部所属设备制造厂承担了核电站设备冷却系统热交换器、安注箱、多种阀门、非标准化工设备、电气贯穿件等研制生产任务，1989年底全部设备通过鉴定验收。

西安核设备有限公司（简称西核公司）先后承担核电站和核动力研发平台工程中的稳压器、堆芯补水箱、安注箱、硼注箱、主设备支撑、热交换器等核心设备的制造，取得良好业绩。

稳压器

中核科技公司是一家集工业阀门研发、设计、制造及销售为一体的科技型制造企业，其前身是苏州阀门厂，是中核集团第一家上市公司，产品广泛应用于国内外石油、天然气、核电、电力、冶金、化工、造船、造纸、医药等十几个行业及国家有关科研部门。

山东核电设备制造有限公司于 2007 年 7 月设立，是 AP1000 核电装备专业制造企业，牵头承担了 AP1000 钢制安全壳、一体化顶盖组件等国家重大专项课题的研究。2009 年 6 月 18 日，全球首套第三代核电 AP1000 钢制安全壳底封头的最后一批成型钢板，运往浙江三门核电站一期工程建设现场。

在“华龙一号”第三代核电项目建设与核电装备国产化过程中，国内核电装备制造企业，通过技术攻关，研发了自动激光焊接、自动化安装与无损检测等新工艺、新设备，进一步提升了中国自主装备制造的技术水平。核电装备制造企业通过信息化与工业化的深度融合，从传统离散型生产模式向数字化生产模式转型，大大提升了中国高端装备制造的能力和中国自主品牌的影响力。

第五节　核电运行管理

中国大陆各核电站，牢固树立核安全高于一切的观念，结合各核电站实际情况，逐步完善并形成各具特色的运行管理模式，运行管理业绩良好。

一、核电运行管理模式及其优化

各核电站均设有运行技术、综合管理、运行支持、白班运行值等运行机构，建立了全方位全覆盖的运行管理体系。参照行业内良好实践，制定人因事件准则标准，编制人因管理推进计划，并跟踪管理。层层分解，梳理各类运行岗位，分别编制责任书，为管理目标顺利完成提供明确依据和标准。

制定科学适用的运行规程和制度，按照科学运行理念，编制运行管理分大纲及相关管理程序，内容涵盖运行组织管理、运行值班管理、运行操作管理、机组状态控制、运行技术管理、运行设施管理及化学监督管理，牢固树立核安全高于一切的观念。不断完善运行管理体系和流程，提升运行管理水平和运行业绩。强化内部经验反馈，对人员行为不规范、人因失误等情况快速通报；对防人因失误工具进行适用性提炼，并通过人因展板、人因工具卡、人因时钟等措施和手段营造防人因失误氛围。

严格进行运行记录及报告管理，各核电站为保障机组日常安全、稳定、高效运行，安排专人负责跟踪机组日常缺陷进展。不论是机组大的缺陷，还是一个设备小的异常状态，运行人员都认真对待，安排专工到现场了解缺陷发展情况，积极参与消缺方案制定，跟踪重要缺陷处理进展。每天向运行值反馈 0、1 级缺陷处理进展，协助运行值消缺。实现运行文件修改标准化。

强化运行管理信息化、智慧化建设，不断促进与IT技术深入融合。加强数据管理，积极探索大数据及人工智能技术研究与应用，搭建大数据平台，不断完善主数据管理体系，推动主数据规范性、完整性和一致性的核查与整改，为业务系统有效运行及数据分析提供有力支持；强化信息安全，采取多重管理及技术措施，确保信息系统、网络系统安全稳定运行；深耕文档管理，通过新一代信息技术与传统文档工作密切融合，提升文档工作质量、效率与时代气息，深挖文档服务潜力，为核电站工程建设及生产运行提供精准化文档服务支持。

各核电站机组大/小修安全、质量、进度受控良好，综合管理性能指标控制全部满足要求。编制维修经验反馈手册，供员工学习使用；组织承包商进行状态报告培训；开展状态报告自我评估；定期升版经验反馈培训教材，充实经验反馈教材内容和案例。组织班组成员参加各项业务培训，开展青工比武、师傅带徒弟，统一思想、目标和行动，使班组专业技术水平不断巩固提高。大修实施闭环管理，促进大修工作整体水平提高。

持续开展技术改造，各核电站提高防洪能力，完善应急补水及相关设备、移动电源及设置；加强对乏燃料池、氢气监测与控制系统、应急控制中心可居留性及其功能、辐射环境监测及应急监测，强化外部灾害应对。通过对标同行、自我评估等方式，根据工程改造管理实践持续优化技术改造管理流程，建立符合核电站实际情况的技术改造管理模式。

加强操纵员等运行人员培训。开展以解决岗位工作能力为出发点的管理提升。按照“程序化、规范化”要求建立新员工培训管理模式体系。对新入厂员工开展入厂培训，完成各核电站操纵员和高级操纵员的初训和复训，并配合完成各项操纵人员取换照考试、演习及强化培训。

全面开展全体员工安全意识培养和岗位知识、技能培训，提升全员素质，在新员工培训、主控室操纵人员培训以及全员综合素质能力提升培训等方面开展系统工作，为核电站安全、可靠运行提供有效人力保障。通过外培、内训、技术比武、岗位练兵等多种形式，构建多层次、多类别、多渠道学习教育培训平台。

二、核电运行的技术支持

核电站的安全运行，离不开相关的技术支持与服务。随着中国核电从起步、小批量建设和规模化建设的发展，核动力运行研究所（中核武汉核电运行技术股份有限公司）、中国核动力研究设计院、中国核电工程有限公司、中广核检测技术有限公司、国核电站运行服务技术有限公司等，通过原始创新、引进消化吸收再创新等途径，发展出在役检查技术服务、仿真技术服务、运行管理支持技术服务、维修技术服务、核电站老化与寿命管理、燃料管理、换料及专用工具供货等覆盖核电运行全领域技术支持与服务产业，具备独立自主的技术手段和能力，并具备较强的国际竞争力。

在运行技术支持方面，严格堆芯监督管理，加强机组安全稳定运行监督和跟踪。严格遵照机组核设计报告和启动物理报告的计算结果，指导和控制机组安全稳定运行。采用缺陷管理办法跟踪和管理，对影响机组安全稳定运行的重大缺陷和隐患滚动跟踪处理，及时消除安全隐患。所有属于核电站《技术规格书》规定的定期检查和试验，均按照要求的频度执行；其他定期检查和试验均按照试验细则规定的频度执行。

第六节　发展核电的综合效益

改革开放以来，中国的核电发展，在全面支撑核工业可持续发展、保障能源供应与结构优化、实现低碳绿色发展、带动地方发展等方面，都作出了突出贡献，取得显著综合效益。

一、全面支撑核工业可持续发展

核电是核工业最大民品和支柱产品，体现核工业优势和特色，具有稳定创造经济效益的能力。通过发展核电，核工业实现产业结构、产业布局的根本性变化，形成新基地，提升核工业科研开发能力，培养和造就人才队伍，促进核工业全产业链规模扩大和能力提升，全面提升核科学技术研究和工程设计能力，全面带动地质、矿冶、核燃料、仪器设备、贸易经营、建筑安装等业务领域的发展。

核电发展不仅有效促进核科学技术进步，而且为保持和提升核工业能力建设，增强国防实力提供重要平台。发展核电，做大核电产业基础，在核电领域与国际核工业巨头同台竞技，对标一流企业，大大增强了核工业的紧迫感，增添了赶超先进的动力。有助于通过创新发展实现强核强国，夯实核大国地位。

二、提供低碳绿色的清洁能源

核电与太阳能、风电一并构成清洁能源重要组成部分，为优化能源结构、保证电力供应作出重要贡献。面对“碳达峰”“碳中和”，低碳发展、绿色发展成为能源发展的主旋律。能源供应增量部分，将主要依靠可再生能源和核能。核电可以弥补其他能源不足，成为替代化石能源和改善能源结构重要途径。

一座百万千瓦级核电站运行一年相当于减少标准煤消耗约 250 万吨，减少向环境排放二氧化碳约 600 万吨。大力发展核电等清洁能源，推进能源绿色低碳转型，是中国能源革命的关键。每台百万千瓦核电机组年发电量，相当于 400 万千瓦风电或 600 万千瓦太阳能机组发电量，稳定高效特点突出。核电是非化石能源中的主力能源，发展核电是能源结构优化的必然要求，为环境治理和绿色中国建设作出巨大贡献，在促进经济社会发展同时，助力“绿水青山”环境治理目标实现。

三、带动高端装备制造业发展

核电装备制造业是资金密集、技术密集、产业关联度高的产业，代表一个国家装备制造业最高水平。核电发展对国家高端制造业拉动非常明显，对促进装备制造和技术升级换代起到十分重要的作用。中国从核电建设起步开始，就大力推进核电设备国产化。经过不懈努力，核电设备国产化率达到85%，形成以东北、上海和四川为代表的三大核电装备制造基地。

在第三代先进核电技术研发及项目建设过程中，积极开展核电关键设备和材料研发，制造技术持续创新。重大核心关键技术取得突破性进展，形成一批具有自主知识产权的成果，大大提升了高端装备制造能力和自主品牌影响力。

四、带动地方发展

核电站是特大型项目，也是可持续发展的百年工程。核电发展对当地经济有着积极促进作用，对当地经济增长和产业结构优化升级贡献巨大。核电项目建设包括大量基础设施建设，从而极大提高当地经济社会条件，促进当地关联企业发展，增加就业机会。核电项目投入运行后，向国家和地方缴纳巨额税费，增加地方经济收入。核电产业是高新技术产业，发展核电为当地带来人才汇集、先进技术和共享的基础设施和服务，在拉动当地经济、优化区域能源结构同时，带动地方产业升级和经济发展壮大。

核电站环境优美，绿草白云蓝天相映成趣。核电项目可增加旅游资源、促进当地旅游发展。核电站建设过程中涌现出许多可歌可泣的事迹，形成的艰苦奋斗、勇于开拓的作风，也使其成为红色旅游项目。通过接待游客、有关政府部门和群众的参观，大大提升核电站所在地在全国乃至全世界知名度。

五、提升国际影响力

核电在国内快速发展，不仅服务于国民经济建设，也将提升整体实力，树立中国品牌，增加国际用户信心，为核电“走出去”提供保障，有助于提高国际影响力。核电建设周期长，运行时间更长，相关国家间合作是长期的，因此核能合作不仅具有重要的经济意义，而且具有重要的政治和外交意义。通过核电合作，还可以有效发展中国与相关国家经济、社会、科技、文化等方面合作，促进当地经济社会发展和民生改善，彰显中国对于全球发展的贡献。

第七章

核工业产业链的全面进步

从1985年到2015年，核工业保军转民、艰苦奋斗，紧紧抓住核电发展带来的新机遇，大力实施科技创新，实现了产业链的全面进步和转型升级。

第一节　铀矿地质与采冶

随着中国核电事业的起步与发展，提供经济可采的铀资源提上日程。与此同时，随着对外交流合作日益扩大，世界上开发铀资源的新技术、新方法不断进入中国，砂岩型铀矿的探采受到越来越多的关注和重视。

一、铀矿地质工作的新体制

1986年至1994年，核工业地质局多次研究探讨建立充满生机与活力的铀矿地质新体制，其核心是多找富矿、好矿、经济效益高的矿，强调加强可溶浸铀矿勘查和开发，将铀矿地质队伍战略布局重点进行转移，为后续北方可地浸砂岩盆地找矿的突破奠定坚实基础。经过20世纪90年代近10年艰苦探索和勘查，在北方地浸砂岩型铀矿找矿工作中，二一六大队在伊犁盆地库捷尔太、扎吉斯坦、乌库尔其，二〇三研究所在吐哈盆地十红滩，二〇八大队在二连盆地努和廷、鄂尔多斯等地区均取得重要进展。

部分铀矿石标本

1999—2000 年实施的核地勘队伍管理体制改革，是中国铀矿地质自创建 40 多年来发展历程中规模和幅度最大、最为深刻的一次变革。6 个区域性地质局所在省 48 个地勘单位，以省为单元整体属地化，原区域性地质局改建为省核工业地质局，由省人民政府有关部门归口管理。其余 16 个省（直辖市、自治区）的 29 个单位属地化后，由省级人民政府指定部门管理。通过改革建立了核地勘工作新体制，由中央保留一支精干铀矿地质勘查队伍，承担国家放射性矿产资源战略性勘查任务；破解了传统计划经济体制下形成的核地勘队伍规模庞大、机制不活，因投入不足而使铀矿地质勘查工作趋向萎缩、队伍生存发展困难等难题，实现新时期铀矿地质勘查体制改革重大突破，有利于促进核地勘队伍和属地化核地勘单位创新发展。

从世纪之交到 2015 年，铀矿地质在人才聚集密度和人才发展层次上都位居全国地勘行业前列。队伍结构发生重大变化，形成专业结构比较合理、业务技术水平较高、实践经验比较丰富的专业人才队伍体系。

二、铀矿地质工作的重大新突破

在国家支持下，至2015年铀矿地质能力建设项目完成四期。主要建设内容是购置钻探设备，航测遥感设备，物探、化探设备，分析测试设备，野外生产、指挥和生活保障设备设施。各单位生产、科研基地全面翻建，形成卫星遥感、航空遥感、航空物探、三维地质、现代分析测试技术等构成的“天一空一地”一体化的勘查和科研能力，形成中国砂岩型铀矿评价技术体系和热液型铀矿攻深找盲技术体系。

随着“主攻北方可地浸砂岩型铀矿”勘查战略的实施，新疆伊犁、吐哈盆地可地浸砂岩型铀矿扩大发展成为超万吨级铀矿基地，提交一批可供矿山开发的资源储量，新形成数个万吨级以上铀资源基地，使中国铀资源分布形成新格局。在2000年至2015年间，中国核工业地质局累计探明新增铀资源量接近前45年累计探明的资源总量，投入产出比创历史最好成绩。

伴随铀矿地质找矿工作重心的调整，以南方为主的大部分热液型铀矿的勘查工作在几乎停顿十多年后于2006年重新启动，取得不同程度的进展，探深扩围，增加一批铀资源储量。同时新探明一批矿床。

铀矿地质建立了较为完整的科技体系，取得新进展。中国核工业地质局拥有1个国防科技重点试验室，1个国家核应急航空监测中心，2个国家原子能机构一国际原子能机构联合中心，1个国防二级计量站，4个中核集团重点试验室；建立了一整套覆盖铀矿勘查各个专业领域技术标准，形成了基础性、综合性、专业性、保障性四大技术标准体系。

三、铀矿采冶的改革调整

20世纪80年代中期，铀矿冶大力贯彻“保军转民”方针，陆续关停一批铀矿山和水冶厂，保留的生产单位也实施产能压缩。全系统广泛开发民品项目。1988年，生产企业大幅度调整关停和限产，基本建设缓建停建，天然铀的金属产量降低18.9%，国拨产品收购资金和产品收购价格多年不变，生产所需的原材料、能源、交通运输等各种费用大幅度上涨。虽然企业开展双增双节，挖潜改造，消化了部分涨价因素，但天然铀产品生产费用仍然上升了50%以上，致使90年代出现全系统亏损。

1993—1998年，铀矿冶系统实施了“2+3”调整计划，即先用两年时间完成结构调整，形成一个以地浸、堆浸为主，按新经营机制运行的精干、高效的新型铀矿冶体系；再用3年时间，完成铀矿冶特色的多种经营的转民格局。随着调整工作的展开，至1994年底铀矿冶系统先后关停12个铀矿冶企业和21个矿井、9条水冶生产线。重点围绕地浸、堆浸、地下爆破原地浸出工艺技术以及相应工艺设备、工艺材料开发等，开展了科研与技术开发工作。

1999年，铀矿冶系统开始实施调整改革脱困。按照军品剥离、军民品分线总体方案，构建了8个铀矿采冶联合企业和一座铀纯化厂，即“八矿一厂”新型铀矿冶产业格局。

2011年9月6日，中核集团地质矿产事业部正式运行，铀矿地质勘查和铀矿冶两大系统实现上下游之间紧密衔接和探采一体化无缝对接。围绕推进铀矿大基地建设，突出抓好北方砂岩铀矿勘查开发。北方大矿的规模化、集约化开发，为天然铀产业走出“小”“散”开发模式，建设新型的绿色并与国际接轨的铀矿山奠定基础。同时切实掌控南方硬岩地区的投入重点和方向，勘查开发效率和质量全面提升。

2013年7月17日，中国铀矿地质界里程碑式工程——中国铀矿第一科学深钻项目终孔，钻探深度达2818米，标志中国铀矿勘查进入更深、更广的全新阶段，热液型铀矿勘查开始进入 1000 米深的“第二找矿空间”。

四、铀矿冶技术路线发展与技术创新

20 世纪 80 年代中期以来，铀矿冶研究开发了新生产技术。进入 21 世纪，天然铀生产路线逐步调整为：开发砂岩铀矿、硬岩铀矿并举。砂岩铀矿主要采用地浸工艺；硬岩铀矿主要采用地下开采、地表堆浸工艺或地下爆破原地浸出工艺，辅以搅拌浸出水冶工艺。

1985—2015 年，铀矿采冶科研工作取得突破性进展，构建从基础研发、半工业试验、工程设计到工程化应用的铀矿采冶链式科技创新平台，突破地浸、堆浸、多金属综合回收、生物冶金等系列关键技术，为在役矿山提供成熟配套的技术工艺、有机材料和自动化设备。铀矿采冶综合回收率领先中国其他固体矿产，部分单项技术达到国际领先水平。

堆浸喷淋

1985 年，开始在新疆开展地浸采铀试验研究，规模不断扩大，初步形成一整套地浸采铀技术体系。2008 年核化冶院在内蒙古通辽市钱家店地区成功开发具有世界领先水平、绿色环保型的 CO_2+O_2 地浸采铀工艺技术，2011 年实现规模化生产，成为中国继伊犁之后又一个地浸采铀基地，中国成为全球第二个成功掌握 CO_2+O_2 地浸采铀技术和工业化应用国家。该技术的应用，盘活数十万吨以前无法经济开采的低品位砂岩型铀矿，为优化天然铀产业布局、推进战略重心向北方转移、实现规模化、集约化开发奠定坚实基础。

1996 年至 2003 年，二七二厂先后两次对铀纯化生产线进行技术改造。2005 年 12 月完成技术改造后，实现年产二氧化铀或八氧化三铀金属产能目标，强化了环境措施，改善了操作环境，降低了对周围环境的影响。2010 年，核电级二氧化铀生产线开工，2011 年建成并于 2014 年达产，与原有纯化老线互补，推动了铀纯化生产技术进步。

第二节　铀转化与铀浓缩

一、铀转化工艺的科研攻关与技术进步

自 2000 年起，中核集团启动先进铀转化技术研究，中核新能核工业工程有限责任公司（简称中核新能公司，现改名为中核第七研究设计院有限公司）与四〇四厂通力合作，在原 500 吨/年铀转化生产线上开展先进铀转化工艺技术研究，取得多项科研成果，为 3000 吨/年铀转化工程（单线 1500 吨/年）设计提供了技术支撑。2005 年至 2010 年，开始进行单线 3000 吨/年铀转化关键设备和技术研究。截至 2015 年，完成部分课题并已直接应用于新建铀转化工程中，为进一步规模化生产线建设奠定基础。

铀纯化转化一体化工程技术实施科研攻关，通过关键设备升级改

造和工艺技术提升，实现铀纯化转化一体化和生产能力突破。内容包括天然铀转化的全过程工艺设计，以及配套的电解制氟、冷冻、气体、供水、供电、采暖通风、辐射防护、分析化验、安全环保等几十个子项。铀纯化转化一体化工程在2010年获得批复，2012年完成7个科研项目，2013年完成二期铀纯化转化生产线施工图设计。

二、铀转化生产线的规模化建设

1999年，中核集团调整铀转化布局，生产能力集中建设在四〇四厂，首批建设一条3000吨/年铀转化生产线，2005年9月开工，2009年达产达标。该生产线建成投产，标志着具有自主知识产权的铀转化技术实现新突破。“十二五”（2011—2015年）期间，按计划继续开展铀转化生产线规模化建设。

中核四〇四的铀转化纯化一体化生产线于2015年建成并调试成功，2016年打通全流程。一体化生产线技术先进性使产能显著提高，建设成本与运行成本大幅降低。

二七二公司的铀纯化转化一体化生产线采用成熟可靠的干法转化生产技术，装备自主开发的关键设备，选用数字化仪控系统（DCS）实现控制操作，提高劳动生产率，降低产品成本。该项目于2013年4月开工建设，2015年底完成所有批复的建设内容。

三、铀浓缩技术的研究开发及生产线建设

1986年至1993年，兰州铀浓缩厂完成扩散机组的技术改造，改造后的生产能力显著提高。

1986年8月，王承书、钱皋韵、刘广均、纪世鹏、潘恩霖5人提出“发展离心法分离铀同位素”的建议，得到蒋心雄等领导的重视。从20世纪80年代初至90年代初，离心法分离铀同位素技术取得重要进展。先后研制成几种机型，并在铀浓缩厂安装使用，为离心法铀同

位素分离科研、设备制造、工程设计、工艺运行及配套建设都积累了宝贵经验。

1993 年 3 月，中国同俄罗斯在北京签署《为在中国建设用于原子动力的浓缩铀气体离心机工厂供应设备和提供服务的总合同》，中国第一个引进离心机分离浓缩铀商用工厂在中核陕西铀浓缩有限公司（简称中核陕铀）开始建设。1996 年 10 月离心机一期工程建成投产，标志着中国铀浓缩工业进入一个新的发展阶段，在铀浓缩技术由扩散向离心过渡上迈出了坚实的一步。此后，中核集团分别在中核陕铀公司和中核兰州铀浓缩有限公司（简称中核兰铀）进行引俄离心工厂二、三、四期工程建设，对中国铀浓缩产业发展起到重要作用。

中核陕西铀浓缩有限公司外景

21 世纪初，在中间试验工程和示范工程建设验证基础上，中国具备了工业规模生产铀浓缩离心机设备的能力，开始较大规模铀浓缩离心工厂工业化规模建设。2013 年 6 月 21 日，中核集团在甘肃铀浓缩基地宣布，中国核工业关键技术——铀浓缩离心技术完全实现自主化，并成功实现了工业化应用，达到国际先进水平。完全掌握铀浓缩离心技术，这是衡量一个国家核科学技术水平的重要标志。

中核兰铀自行设计和安装的主工艺供取料系统

第三节　核燃料元（组）件设计与制造

经过多年努力，到 2015 年，中国已能生产国内全部在运压水堆、重水堆等各类型核电燃料组件，加工制造能力和水平完全满足国内核电发展以及“走出去”的需求。

一、南北两个核燃料元件基地的打造

随着秦山核电站的正式开工建设，中核建中燃料元件有限公司（简称中核建中）于 1988 年建成中国第一条核电燃料元件生产线。为给大亚湾核电站提供换料元件、实现大型核电站燃料元件国产化，中核建中对已有生产线升级改造，建设“大线”，于 1994 年 4 月投产。

2003 年，“大线”第二步改造工程通过竣工验收，产能大幅提升。

2000 年，中核北方核燃料元件有限公司（简称中核北方）重水堆核电燃料元件生产线开工建设，2001 年 12 月主工艺生产全线贯通，2002 年 11 月产品通过合格性鉴定。

考虑到中核北方的脱困需求和核电站核燃料元件的安全供应，中核集团决定在 VVER 核燃料元件生产线落户中核建中后，在中核北方建设压水堆核燃料元件生产线，开启南北两个核燃料元件基地的战略布局。

2006 年 7 月，中核北方压水堆核电燃料元件生产线开工建设，2008 年建成并开始试生产。中核北方压水堆核电燃料元件生产线已向秦山二期、方家山等核电站交付多批次 AFA-3G 燃料组件，组件堆内运行正常。

2011 年 12 月，中核建中核燃料元件生产线 400 吨扩建工程开工，仅用两年时间就建成一条现代化、一体化、自动化核燃料元件新生产线，2014 年 6 月扩建工程全线投产。2012 年，中核建中核燃料元件年产量首次跃上千组大关。2015 年 5 月第 10 000 组核燃料组件下线。中核建中公司具备 30 万千瓦、AFA-2G、AFA-3G、全 M5AFA-3G、VVER-1000、TVS-2M 以及快堆等多种类型燃料元件的制造能力。

1995 年 1 月 20 日，首批 90 万千瓦核电站燃料组件运往大亚湾核电站

VVER 核燃料组件

二、AP1000 核电燃料元件生产线的建设

根据 AP1000 非能动核电技术文件转让合同，AP1000 燃料元件制造技术是美方转让的重要内容，中核集团通过技术转让在中核北方建设一条 AP1000 核电燃料元件生产线。项目于 2012 年 3 月 28 日开工建设。2014 年 9 月首个国产 AP1000 模拟组件在中核北方制造完成。2017 年 6 月 16 日，该生产线正式投产。

三、高温气冷堆核电站示范工程燃料元件生产线的建设

2008 年，国家批准在中核北方建设高温气冷堆燃料元件生产线，以保障石岛湾高温气冷堆电站的燃料元件供应，同时为中国今后建设商用模块式高温气冷堆核电站需要的百万级数量球形燃料元件生产技术积累可靠的经验，提高中国核电技术自主化水平。项目于 2013 年 3 月开工建设，2016 年 8 月通过产品合格性鉴定，标志着国际首条第四代核电技术燃料元件实现工业化规模生产。

高温气冷堆球形核燃料元件

四、国产高性能燃料元件的研制

中核集团、中广核、国家核电技术有限公司都组织核燃料元件和结构材料研发力量，建设相应研发设施，在国产高性能燃料元件研制上取得重大进展。中核集团的 CF 系列核燃料组件和 N36 系列锆合金已实现批量供应；中广核的 STEP 系列核燃料组件和 CZ 系列锆合金先导组件已在堆内辐照考验；国家核电技术有限公司的 CAP1400 核燃料组件和 SZA 系列锆合金已完成定型组件的研制工作。

大型先进压水堆 CAP1400 自主化核燃料模拟组件

五、核级锆材的国产化进展

成立于1999年的西北锆管有限责任公司（简称西北锆管）是中国第一家专业核级锆材生产厂，先后承担多种核级锆材的技术转让，促进了中国核级锆材制造水平的提升。2000—2004年，西北锆管开展坎杜-6核反应堆用锆-4合金材料制造技术的引进工作，具备国产坎杜-6核反应堆用锆-4合金材料的资质和能力。

2007年11月，归口国家核电技术有限公司管理的国核宝钛锆业股份公司（简称国核锆业）成立，是集锆材研发与生产为一体的专业化公司，拥有完整的核级锆材产业链，是美国西屋公司AP1000全套核级锆材技术引进的实施单位。西北锆管公司归属国核锆业。国核锆业建立了满足中国第三代核电站用锆材的完整产业体系（质保体系、检测体系、生产及技术研发体系），填补了中国核级海绵锆及ZIRLO合金锆材的空白，满足第三代核电对锆材的需求。培养和建设了一支核级锆材生产加工操作、检测分析、科研、技术及质保管理人才队伍，先后承接并完成大型先进压水堆核电站重大专项“AP1000核级锆材制造技术”“核级锆合金材料研制项目”“国产新锆合金研制及应用性能研究”等国家重大研究课题。

2010年，中核集团与法国法马通合资成立中核阿海珐（上海）锆合金管材有限公司（以下简称中核阿海珐），主要使用法国进口M5合金管坯进行成品管材的生产。中核阿海珐成立后开始受让M5包壳管制造技术，2013年获得法马通颁发的生产许可证，2015年实现首批M5锆合金包壳管的交付。

2013年，中核集团成为广东东方锆业科技股份有限公司（简称东方锆业）第一大股东，拥有已经建成的国内唯一一条核级海绵锆生产线。

2013年4月，中核集团收购并控股西部新锆核材料科技有限公司，作为锆合金试验研究和生产基地，建设了完整的锆合金冶炼和管、棒、板、带材制造设施。

第四节 乏燃料后处理与放射性废物治理

随着中国核能不断发展，乏燃料数量持续增长，中国积极加强核燃料管理，提高核燃料循环后段能力建设水平，乏燃料后处理与核设施退役、放射性废物处理及处置均取得新的进展。

一、乏燃料的运输与离堆贮存

乏燃料运输是在严格遵守国家法规与标准并接受国家审管体系监管下，以工艺技术与装备设施为基础，具有核与辐射安全特征的复杂物流体系。

1995 年，中核清原环境技术工程有限责任公司（简称中核清原）成立。经过多年发展，中核清原建成包括运输容器、车辆、装卸操作、运输运行、质量保证、辐射防护、应急指挥与通信系统等在内的公路运输体系，形成乏燃料公路运输能力。截至 2021 年 7 月，中核清原已开展核电站乏燃料运输 42 容器次（1084 组）外运，25 容器次（570 组）厂内转运，开展研究堆、微堆等各类其他乏燃料运输共 415 容器次（3742 组）；完成 10 万余枚废放射源和 3 万多立方米放射性废物的运输，保持了各类堆型乏燃料、废放射源和放射性废物安全运输无事故纪录。

乏燃料离堆贮存方法分为湿法贮存和干法贮存两种。中核四〇四乏燃料 500 吨贮存水池于 2003 年 9 月投入运行，截至 2015 年已基本满容。中试厂乏燃料贮存设施扩建工程已建成，扩建了两个贮存能力均为 400 吨的 C1 池和 C2 池。

秦山核电三期引进了重水堆乏燃料干法贮存设施，首批两个贮存模块于 2009 年建成投运。2012 年 3、4 号模块开工并于 2013 年投运。

乏燃料离堆贮存水池

二、动力堆乏燃料中试厂的建设

1998 年 4 月，四〇四厂中国第一座核电站乏燃料后处理中试厂浇注第一罐混凝土，2005 年 12 月中试厂工程建设基本完成，2013 年 10 月中试厂 11 项科技成果通过鉴定。中国基本掌握核电站乏燃料后处理核心技术，为放大设计建造工业规模的动力堆乏燃料后处理厂提供了设计参数与运行经验，为后处理产业发展奠定技术基础。

动力堆乏燃料后处理中试厂

三、放射性废物的处理

从 20 世纪 80 年代起，中国颁布了一系列放射性废物管理的法律法规。1987 年核工业部颁布《核工业低中水平放射性固体废物管理规定》。1992 年经国务院批准，国家环境保护局发布“中、低水平放射性废物处置的环境政策”。1993 年国家标准《放射性废物管理规定》（GB 14500—1993）颁布。2003 年 6 月 28 日《中华人民共和国放射性污染防治法》经中华人民共和国第十届全国人民代表大会常务委员会第三次会议通过，自 2003 年 10 月 1 日起施行。2011 年 11 月 30 日《放射性废物安全管理条例》经国务院第 183 次常务会议通过，自 2012 年 3 月 1 日起施行。

20 世纪 80 年代开始，中国核工业围绕中、低放废物处理技术路线与方案等核心内容，开展大量科研、技术开发与设备研发，为各类中、低放废物处理工程建设与运行提供重要保障。

20 世纪 80 年代，八二一厂建议引进水力压裂页岩处置中放废液技术，1988 年中核总批准同意，1993 年 10 月主厂房破土动工，1995 年 5 月厂房基本建成，1995 年 6 月引进设备试车验收。1996—2006 年在压裂井中进行 12 次压裂注浆试验，累计处置中放废液上清液数千立方米以及中放泥浆数百立方米，对降低环境和辐射安全隐患起到重要作用。

20 世纪 80 年代至 21 世纪初，八二一厂与德国企业合作研究高放废液处理技术，在八二一厂建设 1∶1 规模的台架设施进行大量试验。2014 年 6 月，玻璃固化工程开工建设，系国务院批复的“八二一厂中长期退役治理总体规划”中最重大和技术最复杂的一项放射性三废治理项目。

20 世纪 90 年代，中核四〇四中放废液水泥固化大体积浇注处理处置工程开始建设，2000 年 6 月完工，2004 年 1 月工程热试成功。2007 年“中放废液大体积浇注水泥固化工程技术”科技成果填补了国内空白，达到国际先进水平。2008年以来该工程处理处置中放废液上万立方米。

2008年，中核四〇四低放废液处理设施开始建设，年处理量为30 000立方米，2015年设施具备运行条件。

2009年，八二一厂开工建设中、低放水泥固化工程，2015年12月生产出第一桶合格的放射性水泥固化体，成功实现稳定运行。中、低放水泥固化工程打通放射性废液“液转固”关键环节。

八二一厂放射性废液水泥固化处理生产线

中国辐射防护研究院先后于2002、2010、2014年为中国工程物理研究院、中核四川环保、中核四〇四建成放射性废物焚烧设施。2014年巴基斯坦恰希玛核电站提出建设需求，成为中国首个实现出口的核环保工程技术及装备项目。

四、核设施退役治理

1985年开始，核工业启动早期核设施退役。

1986年，铀矿冶组织关停退役新疆、河南、甘肃等地区6个铀矿冶企业，开始小规模退役治理。1990年，对湖南、广西、贵州、江西等地区 5 个铀矿冶企业实施退役治理。1994 年，关停广东、云南、浙江、辽宁等地区 7 个铀矿冶企业，进入铀矿冶大规模退役治理阶段。到 2014 年，铀矿冶总治理土地面积 740 万平方米，其中 79.1 万平方米达到无限制开放使用，占 10.7%；氡释放降低 87.2%；最大个人剂量均满足限值要求，集体剂量降低 85%。就固体废物治理而言，1994 年，铀尾矿整治数量为历年累计总量的 34.6%、铀废石整治数量为历年累计总量的 47%。

1987 年 6 月 24 日，中共中央、国务院、中央军委决定二二一厂退役关闭，这是中国第一个大型核基地的全面退役。要求撤厂后厂房、生活设施等移交青海省安排利用。1988 年 6 月，二二一厂开始实施全面退役治理，历时 5 年完成。1994 年 6 月 15 日，二二一厂与青海省海北藏族自治州签订移交协议，成为世界上第一个化剑为犁的核武器研制基地。2003—2006 年，国家环保总局组织相关单位对二二一厂场址开展“退役后 10 年辐射环境状况综合评价”，评价表明：退役工程质量达到退役后不留后患、今后不再需要采取补救行动的最终目的。

“中国第一个核武器研制基地”纪念碑

1990 年起，核工业开始实施核设施退役与放射性废物治理专项，以达到消除核安全隐患、防止放射性污染、保护公众健康与环境、促进核工业健康发展的目的。1990 年铀矿地质勘探设施退役整治工作正式启动，治理对象主要是1990年以前中国铀矿地质系统遗留的矿（床）点等勘探设施。通过分期分批连续治理，共完成退役治理工程项目476个，消除67个市县的遗留铀矿地质勘探设施对环境的污染影响。

1990年，中核四〇四全面开展退役治理，2000年前后完成后处理厂第一阶段退役，2015年基本完成第二阶段退役，保证了核安全和环境安全。

1990年开始，八二一厂工作重心进入退役治理阶段。截至2015年，八二一厂完成一系列退役治理规划项目，提升了设施安全水平、核设施实物保护以及应急能力等，保障了各类核设施安全稳定运行，建立了放射性废物处理处置体系，基本实现规划近期目标，退役治理工作进入程序化、规模化、产品化的新阶段。

2004年，核动力院完成核潜艇陆上模式堆退役的全部工作，成为国内唯一完成的压水型反应堆退役工程。随后开始反应堆辅助设施等退役工作。2013年底开始新建放射性废物处理中心，设施运行后，极大提升该院涉核科研生产后端保障能力。极低放废物填埋场主要用于退役产生的极低放废物就地填埋处置，2015年建成投运。

原子能院建成国内首个放射性固体废物回取、预处理和超压处理装置和设施，在国内首次采用机器人远距离回取库坑内的废物，同时配合机械手将废物分类装桶；首次采用钢箱盛装废物压缩饼，便于水泥灰浆的注入和运输。以上工作打通了放射性固体废物处理瓶颈，完成了原子能院积存的放射性固体废物压缩减容处理。同时，原子能院作为退役治理技术研发核心单位，为退役治理工程实施提供了技术支持。

五、低、中放固体废物的处置

1998年，中核清原建成西北低、中放固体废物处置场，1999年试运行。

2000 年 11 月，中核清原启动遗留废放射源治理项目，历时近三年，完成 23 个省的 75 个持源单位将近万枚放射源的集中、核查、整备与运输，并建成核工业西北废源贮存库和国家废源集中贮存库。

2005 年，中核清原将全国城市放射性废物库暂存废源经核查、整备、包装后运至国家废源集中贮存库长期贮存，将废物分拣、整备后运至西北处置场处置。至 2011 年 3 月完成全部运输，处理整备废放射源约 10 万枚。

2007 年 9 月，西北处置场开展技术改造，到 2012 年 10 月完成建设、设备安装和调试，2013 年通过竣工验收并投入运行。

广东低、中放固体废物北龙处置场（简称北龙处置场）位于大亚湾核电基地内。2000 年 10 月，建成首期工程并开始试运行。2011 年 1 月，国家核安全局颁发北龙处置场运行许可证。

2015 年 2 月，西南处置场完成主体工程建设，2016 年取得运行许可证投入运行。

六、高放废物地质处置的研究

高放废物地质处置研究从 1985 年起步，在处置库选址、场址评价、缓冲回填材料筛选和特性研究、核素迁移等领域取得重要进展。

1985 年 9 月，核工业部制定“高放废物深地质处置研究发展计划”，1986 年 2 月实施。该计划目标是在 2050 年左右建成一座国家处置库。

1986 年以来，开展了高放废物地质处置库全国区域筛选和预选区初步评价、区域调查和地段筛选，地下实验室和处置库概念设计、核素形态、化学行为和迁移行为分析，地质处置安全评价，回填材料和缓冲材料等研究工作，取得了大量研究成果，掌握了基础数据。

2006 年，国防科工委、科技部和国家环保总局发布《高放废物地质处置研究开发规划指南》，明确深地质处置开发选址、地下实验室研究和处置库建设“三步走”的技术路线和总体设想。

2011 年 7 月，甘肃北山被确定为中国高放废物地质处置库首选预选区。

2014 年，国防科工局批复《高放废物地质处置地下实验室安全技术评价研究》项目立项，2015 年批复《高放废物地质处置地下实验室工程前期科研》项目立项。

第五节　重大核科研设施的建设及应用

长期以来，国家的大力支持推动了核科技创新发展。到 2015 年，中国已形成门类齐全、专业配套的核科技体系，建造了一批具有国际先进水平的重大核科研设施，培养并形成一支素质高、能力强的各类专业人才队伍，取得了一系列重大科技成果，对核科技工业体系建设及产业发展起到关键支撑和引领作用。

一、受控核聚变装置

核聚变能源是原料资源丰富、安全清洁和环境友好的能源。核聚变电站不产生化石燃料所释放的温室气体，没有裂变产物。自主建造大型受控核聚变装置，积极参与国际合作，对开发核聚变能具有重要的战略意义。

（一）“中国环流器”

“中国环流器”一号（HL-1）于 1984 年建造成功并投入实验运行，是中国核聚变研究史上的一个重要里程碑。其成功建造与运行，为中国自主设计、建造、运行核聚变实验研究装置积累了丰富经验，培养了相关技术及实验运行的人才队伍，为中国核聚变研究从原理探索到大规模装置实验的跨越式发展奠定了坚实的科学与工程技术基础。该装置 1987 年获国家科技进步奖一等奖。“中国环流器”新一号（HL-1M）是在“中国环流器”一号装置基础上升级改建而成的，使中国核聚变试验研究水平又迈上一个新台阶。

“中国环流器”一号（HL-1）装置

2002年，“中国环流器”二号A（HL-2A）托卡马克装置建造成功并投入实验运行。HL-2A是中国第一个具有偏滤器、等离子体截面具有拉长能力的托卡马克，使中国的磁约束聚变等离子体物理研究取得一系列重大突破：2003年国内首次获得偏滤器位形的放电、2006年等离子体电子温度超过5500万摄氏度、2009年国内首次实现高约束模式（H模）运行等。发展了磁约束聚变的工程技术，如控制、材料、加料、等离子体诊断、加热和电流驱动、真空、低温等，取得了一批国际领先的前沿研究成果，如等离子体约束模式转换、微观湍流、高能粒子、高约束等离子体、MHD机理等。HL-2A装置已经成为中国开展聚变等离子体物理研究的优越平台。

2009年，首次实现中国第一次具有边缘局域模（ELM）的高约束模放电，能量约束时间达到150毫秒，等离子体总储能大于78千焦。

（二）超导托卡马克装置——“合肥超环”和“东方超环”

1994 年 8 月，中科院正式将首个超导托卡马克实验装置“合肥超环”（HT-7）纳入国家大科学工程管理。同年 12 月，装置建成，首次工程调试并成功获得等离子体。1995 年，装置投入实验运行。HT-7 的成功研制，使中国成为继俄、法、日之后第四个拥有超导托卡马克装置的国家，中国的核聚变研究事业开始走向国际舞台。HT-7 主要研究目标是获得并研究长脉冲准稳态高温等离子体，检验和发展与其相关的工程技术，为未来稳态先进托卡马克聚变堆提供工程技术和物理基础。HT-7 的科学目标已经全部实现，一些实验内容和获得的成果已超出原定目标。

中科院等离子体所在成功建设“合肥超环”的基础上，实施先进实验超导托卡马克——“东方超环”（EAST）建设计划。“东方超环”是中国自行设计研制的国际首个全超导托卡马克装置，不仅规模更大，其独有的非圆截面、全超导及主动冷却内部结构三大特性，将更有利于探索等离子体稳态先进运行模式，其工程建设和物理研究可为国际热核聚变实验反应堆（ITER）项目的建设提供直接经验。“东方超环”建成后于 2007 年 3 月通过国家验收，2010 年获得 1 兆安等离子体电流等多项重要实验成果，大大推进了实现总体科学目标的进程。

（三）参与国际热核聚变实验堆计划

2006 年 11 月 21 日，参加 ITER 项目的欧盟、美国、中国、日本、韩国、俄罗斯和印度的 7 方代表，在法国总统府爱丽舍宫共同签署了 ITER 计划联合实施协定及相关文件的正式协议。根据协议，国际热核聚变实验反应堆将建在法国的卡德拉希，该项目预计持续 30 年。

ITER 计划是人类受控核聚变研究走向实用的关键一步，将集成当今国际上受控制约束核聚变的主要科学和技术成果，首次建造可实现大规模聚变反应的聚变实验堆。该计划是中国有史以来参加的规模最大的国际科技合作项目，将拉动中国核科学技术、超导技术、大功率微波技术、机器人技术和精密加工技术等相关领域的发展。

科技部中国国际核聚变能源计划执行中心负责管理中国参加ITER计划的事务性工作，承担中国ITER计划专项的组织实施。核西物院和中科院等离子体所作为主要技术支撑单位，共同承担了ITER计划中方采购包的绝大部分研制任务。

二、大型加速器

大型加速器的建成和投入运行，为中国高科技领域前沿学科研究提供了基本研究实验手段和条件，取得了具有国际水平的成果，带动了相关学科和产业的发展。

（一）北京正负电子对撞机

1988年10月，中国第一台大科学装置——北京正负电子对撞机（BEPC）实现正负电子束的对撞，使高能物理研究进入世界高能研究的前沿。

北京正负电子对撞机的目标是寻找物质深层次的结构，发现新粒子，探索宇宙的奥秘。“超级粒子大炮”，是科学家们送给北京正负电子对撞机的外号，它由电子直线加速器、电子贮存环、大型通用探测器——北京谱仪、同步辐射光束线和实验站、计算中心五部分组成。除了基础研究领域，北京正负电子对撞机还在生物、材料、物理、化学、环境、能源等科学领域发挥着重要作用。在抗击非典的斗争中，中国科学院院士饶子和利用同步辐射系统在世界上率先完成了SARS病毒蛋白质DNA结构的测定，首次获得了其蛋白酶大分子结构，得到了有效的药物靶分子，为研制治疗SARS病毒的药物提供了重要信息。

（二）兰州重离子加速器

兰州重离子加速器是中科院近代物理研究所负责设计和建造的中国第一台大型重离子加速器，开辟了中能重离子物理基础研究和应用研究的新领域。1988 年 12 月，兰州重离子加速器建成出束。1991 年 8 月，国家计委批准成立兰州重离子加速器国家实验室，并向国内外开放。

到 1998 年，实验室已经为中国 40 多所高等院校和科研单位的 200 多项实验提供了 50 多种不同种类、不同能量的束流。实验室同法国、德国、日本和俄罗斯等世界著名实验室建立了长期稳定的合作关系，开展了一系列学术交流。

（三）串列加速器

1986 年，原子能院从美国引进世界先进水平的 HI-13 串列静电加速器建成并投入使用，成立了北京串列加速器核物理国家实验室。串列加速器的建成，是中国核物理发展史上的里程碑，为中国低能核物理基础研究创造了一个可以追求国际水平的平台。先后开展了垒下重离子熔合、新核素的合成、原子核高自旋、核天体物理等研究工作，特别是在太阳中微子反应、奇特核光学势、核天体圣杯反应研究上取得优秀成果。依托串列加速器，建成中国低能次级束流线和其他先进实验设施。1988 年，经国家科委批准，串列加速器核物理实验室被正式列为国家实验室对外开放使用。

1993 年，原子能院提出串列加速器“穿靴戴帽”式的升级工程，建设北京放射性核束装置，即在串列加速器前端加上强流质子回旋加速器，后端加重离子超导直线加速器。

与此同时，原子能院于 1994 年开始 100 兆电子伏强流质子回旋加速器和在线同位素分离器的研制。2014 年 7 月，100 兆电子伏强流质子回旋加速器首次出束。2014 年 10 月，在线同位素分离器研制成功。

串列加速器装置外观

三、中国先进研究堆

中国先进研究堆是面向 21 世纪核科学技术发展所需要的一项核科学工程，是一座多用途、高技术性能，集先进性、安全性和经济性于一体的新一代中子束流型研究性反应堆，由原子能院自主研发、设计、建造，具有自主知识产权，并形成了多项自主创新的技术成果。2002 年 8 月 26 日，中国先进研究堆工程开工建设，2010 年 5 月 13 日实现首次临界。

中国先进研究堆可以充分利用反应堆产生的强中子源，进行中子散射试验，放射性核素辐照生产，燃料元件、核探测器及反应堆材料辐照考验，单晶硅中子掺杂，电离辐射计量标准，中子活化分析等。依托中国先进研究堆，建成了一批具有世界先进水平的中子科学研究谱仪，与国内外多家院校和企业共同开展了许多富有特色的研究工作。它的建成为核科学研究、开发与应用提供了先进、综合的科学研究平台。

中国先进研究堆外景

四、核动力研发平台

1991 年开始，核动力院在成都建设核动力研发基地，受委托管理两个国家级重点实验室，即“反应堆燃料及材料重点实验室”和“反应堆系统设计重点实验室”，形成第二代核动力研发平台，大大提高核动力试验研究能力，在核动力装置研制和核电设计中发挥重要作用。

第三代核动力研发平台的研发是推动核动力事业实现跨越式发展的重要举措。2014 年，核动力院第三代核动力研发平台第一期工程全面建成，该平台主要包括大型研究堆、骨干试验装置和先进产品生产线。以此为依托，建立了压水反应堆技术研发（实验）中心、先进核燃料元件研发（实验）中心和海洋核动力平台技术研发中心，形成从基础技术到系统集成，再到应用工程，全链条研发平台支撑。核动力院长期开展核动力的研发创新，被誉为中国的“堆谷”。

五、核燃料后处理放化实验设施

原子能院核燃料后处理放化实验设施（简称放化大楼）是一个集先进设计理念、先进工艺流程和先进系统设备于一体的大型科研设施。为各类高燃耗乏燃料后处理热试验及放射化学基础研究提供了一个先进、完善的综合性研究平台。2013 年 9 月 5 日，放化大楼通过竣工验收。2015 年 9 月 1 日，首次实验室规模动力堆后处理热试验在此设施启动。

核燃料后处理放化实验设施

第六节　核与辐射安全和辐射防护

核工业安全包括核与辐射安全、环境安全、工业安全和职业健康安全，是核工业顺利发展、保护职工和公众安全健康的保障。核安全是核工业的生命线，核工业始终把核安全摆在首位。中国发展核工业从一开始就坚持“生产未动、防护先行”方针，建立完整核与辐射安全防护体系。进入21世纪，通过完善安全工作机构，加强队伍建设，大力开展核安全文化建设和安防环保科研与技术开发，安防环保体系有了进一步创新发展。

一、核安全和辐射安全

国家核安全局成立以后，随着中国核能和核技术利用事业的发展，监管队伍日益壮大，包括环境保护部下设的3个涉核监管司、6个核与辐射安全监督站、2个直属技术支持中心。作为监管机构，建立了4块基石（法规制度、机构队伍、技术能力、精神文化）、构筑了8项支撑（审评许可、监督执法、辐射监测、事故应急、经验反馈、技术研发、公众沟通和国际合作）组成的监管体系。

核工业认真按照国家对核设施监督管理要求，接受国家有关部门监督，履行核设施核安全许可制度，加强核设施运行管理，严格执行批准的运行条件和限值，确保核设施安全稳定运行，切实使核电站、研究堆、核燃料循环设施、铀尾矿库及核设施退役和放射性废物治理处于安全受控状态。

中国的核电项目是有严格安全保障的。从1985年中国开工建造第一座核电站——秦山核电站开始，始终坚持以最高的国际安全标准来设计、建造、运行核电站。在福岛核事故后，中国组织对核电站进行了核安全大检查，制定了核电发展的核安全规划，对核电站提出了新的更高的核安全标准。核安全监管更加严格和完善，所有在运、在建核电站均采取了技术改造措施，提升了核安全能力。

中国核工业借鉴三哩岛、切尔诺贝利和福岛核事故经验教训，把核应急作为安全保障最后一道屏障，在重点抓好事故预防工作的同时，着力做好事故应急计划与准备工作。国家成立了核应急协调委员会，下设承担日常工作的国家核事故应急办公室（简称国家核应急办）。2008 年 5 月，四川汶川发生特大地震后，核应急指挥机构有关领导和专家第一时间赴现场指挥和协调。涉核单位迅速反应，大力协调，及时控制险情，确保核设施安全。2013 年 6 月，国务院办公厅发布修订后的《国家核应急预案》。2015 年 4 月，国家核事故应急协调委员会在北京为国家级核应急专业救援力量和培训基地授牌授旗。2015 年 6 月 26 日，“神盾-2015”国家核事故应急联合演习成功举行，这是自 2013 年新版《国家核应急预案》发布后的第一次国家级核事故应急联合演习。

核工业高度重视核安保，连续多年投入资金，改造已有核设施的核安保系统。新建核设施严格按照最新法规标准要求，建设和运行核安保设施。2011 年，国防科工局成立国家核安保技术中心，增强了核安保政府管理技术支持和相关科技创新的专业力量。

二、辐射防护与环境保护

20 世纪 80 年代以后，核工业部组织完成“中国核工业 30 年辐射环境质量评价”“核工业辐射水平与效应”“公众健康危害评价方法研究”“辐射流行病学调查研究”等一系列重大科研课题，研究成果对促进中国核电开发利用发挥了重要作用。

1986 年 12 月 3 日，中国受邀加入联合国原子辐射影响科学委员会（UNSCEAR）。从 1987 年起，中国政府组团出席 UNSCEAR 年会，积极参与委员会的相关工作。另外，同国际放射防护委员会（ICRP）、国际辐射防护协会（IRPA）及其他国家和国际机构交流与合作。

1988 年，核工业部受国家环境保护局委托，组织起草《辐射防护规定》（GB 8703—1988），由国家环境保护局发布，对一切伴有辐射照射设施的辐射防护提出要求。

2002 年 4 月 1 日，国家标准《电离辐射防护与辐射源安全基本标准》（GB 18871—2002）开始实施，这是在总结辐射防护与安全工作基础上，汲取国际辐射防护与安全新经验而获得的新成果。

历年环境监测与评价结果表明，中国的核电站、核燃料循环设施、铀矿冶及科研院所的环境监测设备和监测能力满足监测需要，监测的环境介质、核素种类、监测频度满足法规和标准要求，核设施流出物实现达标排放，运行核设施对厂址周围环境影响很小，环境辐射剂量水平处于本底涨落范围，环境安全总体受控。

第八章

核技术应用的产业化发展

核技术应用一般指民用非动力核技术应用，是利用射线与物质相互作用来探测或改变物质特性的技术，广泛应用到工业、农业、医疗、环保、资源勘探和开发、公共安全、生命科学、材料科学和信息科学等诸多领域，形成了辐照灭菌服务、辐射化工产品开发生产、环境治理与公共安全保障等产业，成为节能、高效、无污染的新兴产业。改革开放后，核技术应用实现了产业化发展，为国民经济作出了重要贡献。

第一节　核技术应用产业化发展的主要历程

一、改革开放后核技术应用产业化发展的主要阶段

在改革开放初期，核技术应用产业处于经营体制战略转型阶段，面临经济体制改革的新形势，需要解决如何从实验室走出来为经济建设服务的问题。20 世纪 80 年代初中期，中国同位素公司具有协助政府部门对全国同位素及其制品的科研、生产、发展规划和年度计划，实施全面管理的职能，1988 年开始把工作重点逐步转移到面向市场，走上自负盈亏、自我发展的道路，加快了经济体制的转型步伐。

1988—1999年，核技术应用进入产业化发展阶段，其主要成因是：中核总成立后，加强核技术应用产品的开发和产品及技术的应用；改革开放使核技术应用向国民经济领域大规模渗透，起到了其他技术不可替代的作用；传统技术的升级换代和国民经济的发展，对核技术的应用提出了新的要求；国内外相关单位尤其是民营企业的进入，加速了核技术应用的发展与竞争；引进吸收国外的先进技术和经营模式，扩大了核技术应用的范围和提升了服务能力，加速了现代企业制度的建立和产业发展。

中国黄金集团公司的控股子公司金鹏源辐照有限公司自20世纪90年代开始，先后在青岛、深圳、上海、天津、成都、武汉等地区，建设了10余座大型钴-60 γ辐照装置。原子能院与清华大学是中国加速器研制的主力军，民营资本投资研制生产电子辐照直线加速器的有无锡爱邦辐射技术有限公司（简称无锡爱邦）等10余家。20世纪90年代，辐射化工产品进入大发展时期，科研成果向产业化大转移。在东北、华北、华中、华东、广东及西部地区陆续建厂80余家。放射性药物经营生产在进入20世纪90年代后，通过招商引资，国外知名放射性药物生产企业与资本进入中国市场。

进入21世纪，核技术应用进入新的发展阶段，开始以企业改制、建立现代企业制度和并购为主要特征的产业重组，使核技术应用产业规模迅速扩大。2010年8月中核集团开始启动核技术应用产业重组工作，于2011年12月成立了中国同辐股份有限公司（简称中国同辐），实现了核技术应用产业经营管理体制与运行机制的历史性创新。2011年7月，中广核成立中广核核技术应用有限公司（简称中广核技），致力于打造产业带研发的非动力核技术高科技产业集群，促进和推动非动力核技术应用产业的发展。全国从事生产、销售、使用放射性同位素和射线装置的单位从1982年的800家，发展到2010年的53 787家。从业人员与经济规模相比1982年均有几十倍的增长。

二、国家对核技术应用产业发展的推动

1996—2010 年，在“九五”到“十一五”3 个五年计划期间，科技部先后实施了“同位素与辐射技术应用研究”“核技术产业化应用”“十一五攻关计划”项目，大力支持核技术应用科技攻关与创新。经科技部批准，1999 年依托原子能院组建的国家同位素工程技术研究中心正式挂牌，2005 年依托中国工程物理研究院组建了国家核技术工业应用工程技术研究中心。同期，一些核技术应用科研项目列入国防科工局核能开发专项并得到支持。

2004 年，国家发改委等部门联合发布了《当前优先发展的高技术产业化重点领域指南》，并组织实施“民用非动力核技术产业化专项”，共有 28 个单位获得专项经费支持，对核技术应用产业化发展产生极大促进作用。

“十二五”（2011—2015 年）期间，核技术应用产业经历了史上最好的发展时期，市场机遇增多，产业化进程加快。考虑到核技术应用对其他产业的巨大推动作用，《中国制造 2025》将核技术应用作为发展制造业的重要一环。在《“十二五”国家战略性新兴产业发展规划》中的节能环保、生物、新能源汽车、高端装备制造和新材料等五大产业，都与核技术应用密切相关。为持续推进核技术应用的健康发展，有关部门出台了多项促进核技术应用发展的政策。

第二节 核技术应用基础能力的提升

核技术的广泛应用需要专门的基础能力，主要包括放射性药物的研制与生产、放射源的研制与生产、钴源辐照装置的设计与建造、加速器的研制与建造、核分析方法的建立与应用、核仪器仪表及专用设备的研制与生产等。改革开放后，在国家的大力支持下和核工业的战

略重点转向为国民经济服务，核技术应用基础能力快速提升，为核技术应用的产业化发展提供了强有力的保障。

一、放射性药物的研制与生产

放射性药物是核技术医学应用的基础，按其用途一般可分为诊断和治疗两大类；按核素辐射类型可分为发射单光子、正电子等放射性药物；按核素来源可分为加速器（生产的）药物、核反应堆药物等。

（一）放射性诊断药物

锝（$^{99}Tc^{m}$）通常被称作是现代医学影像诊断学界的“代表”。从1985年开始，原子能院、核动力院和同位素公司利用不同设施和采用不同技术路线，研制钼（^{99}Mo）和高活度裂变锝发生器，并建成相关产品生产线。1993年5月，同位素公司将核药房“即时标记”这种先进生产供药模式引进中国。20世纪90年代，钼-锝发生器和相关药物是中核集团的支柱性产品，在国内市场占有率超过90%。20世纪末，江苏省原子医学研究所和北京师范大学化学院在放射性药物的研发中也取得了好成绩。

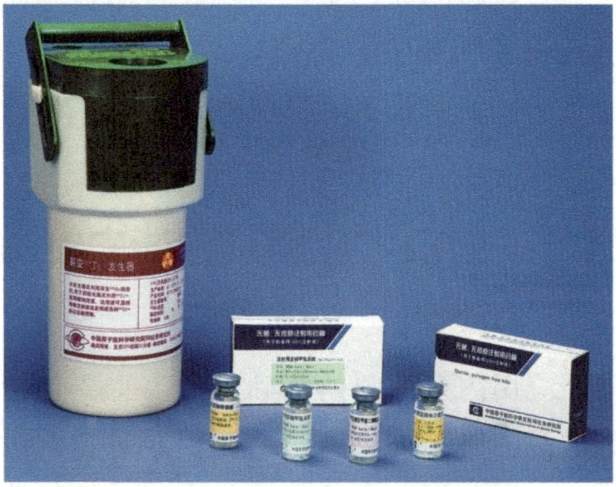

裂变钼-锝发生器与配套药物

利用加速器生产放射性核素及其药物，显著的优点是比活度高，还能生产半衰期适合于临床应用、与人体组成元素相一致的放射性核素，将核医学诊断技术提高到分子核医学水平。1994 年 11 月，原子能院与比利时 IBA 公司合作建造的回旋加速器调试出束，其后利用该加速器生产出钴-57 和^{18}F-脱氧葡萄糖注射液（^{18}F-FDG）供应临床。1995 年，山东省引进第一套回旋加速器及 PET 显像仪器，用于制备^{18}F-FDG 并应用于临床。从 2006 年开始，原子高科先后在北京、上海、广州等城市建设多个^{18}F-FDG 配送中心，以商业化模式供应国内市场。

利用加速器制备的^{18}F-FDG 注射液

碘-123 广泛用于甲状腺功能诊断、脑血流显像、心肌显像、肾功能诊断和肾上腺显像以及各种脑受体显像。2015 年 3 月，原子高科实现碘-123 核素试生产，质量达到国际水平，具备产业化的生产能力。

尿素［^{14}C］、尿素［^{13}C］和快速尿素酶试验（RUT）是临床核医学用于胃幽门螺杆菌（HP）感染检测的三项重要技术。1996 年，中核深圳海得威生物科技有限公司（简称海得威）开始针对中国市场需求研发该技术，产品于 2000 年在国内注册并上市。

（二）放射免疫试剂研发生产

放射免疫分析是一项高新技术，使临床医学检测从显微分析、生化检测跃升到生物分子的水平，开辟了医学检测的新途径，是 20 世纪 80—90 年代核技术医学应用的一个重要方面。这一时期，国内曾有 30 余家生产放射免疫试剂单位。其中，原子能院、中国同位素公司和核动力院的产品市场占有率超过 50%。

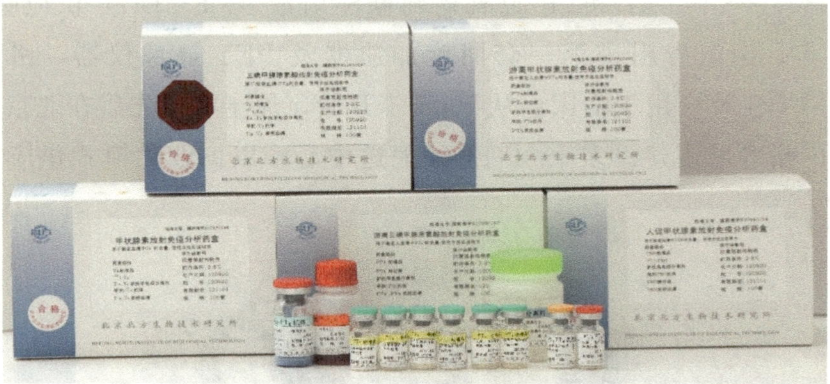

放射免疫检测试剂——甲状腺系列

2006 年，中国同位素公司组织北方所完成了国防科工委“十五”核能开发科研项目“肝纤维化血清标志物放免分析药盒”的研发。

（三）放射性治疗药物的研发生产

体内治疗用放射性药物可分为两类：一类是利用放射性药物在人体脏器中的选择性浓集与放射性核素的辐射效应，来抑制和破坏病变组织（如肿瘤）；另一类是将放射性药物植入或局部注射到肿瘤组织内，以达到杀伤癌细胞的目的。

20 世纪 80—90 年代，原子能院和核动力院改进碘-131 制备工艺，提高了生产能力，并不断开发各种碘-131 的标记化合物产品，以更好地满足甲状腺癌诊断和治疗的市场需求。

1988 年，核动力院开始向医院供应治疗恶性肿瘤的磷-32 系列产品，是世界首创。

20 世纪 90 年代初，原子能院成功研发出一系列体内放射性治疗药物，其中骨癌治疗剂是第一个正式通过中国药监局审批的体内治疗药物，是临床最为广泛使用的治疗药物之一。1996 年，核动力院成功研制出治疗骨癌的放射性新药，其中氯化锶［^{89}Sr］注射液国内市场占有率达 90%以上。

1999 年，原子能院在完成“碘-125 密封籽源”研发工作的基础上，成功研发了植入装置，解决了源机一体化关键技术，形成了中国特色的放射性治疗器械与应用的技术体系。2005 年，中国同位素公司通过独家代理，形成上海欣科医药公司碘-125 近距离治疗籽源的国内营销网络。

20 世纪 90 年代，核动力院研制成功世界首创的高效低毒抗类风湿性关节炎、骨质疏松、甲亢伴浸润性突眼、强直性脊柱炎等疾病的新药“云克”。2001 年，“云克”获得国家药品监督管理局认可，作为普通药品在临床使用。

2007 年后，放射性药物市场迅速扩大。在原子高科、中核高通、成都云克、上海欣科、上海科兴、南京安迪科、宁波君安等传统企业的基础上，北京智博、天津赛德、江苏华益、东诚药业等企业也开始进军放射性药物领域。

二、放射源

放射源已在工业、农业、医疗卫生和科学研究等部门中获得了广泛应用。

（一）放射源的研制生产

1985 年，原子能院等单位制备出镅-241 α 火灾报警源，并开发生产烟雾火灾报警器，原子能院成为国内镅-241 火警源生产的主要厂家。

1991 年 5 月 10 日，原子能院为秦山核电站研制成功启动中子源棒，填补了中国同位素在核电领域应用的空白。此后原子高科陆续为各种研究堆、示范堆及商用核电站研制生产了启动中子源及源棒。

1994 年，核动力院研制成功国内第一套钴-60 γ 刀源，其后成为中核高通重要的支柱性产品。

2006 年，原子能院完成了同位素电池的总体设计和相关工艺研究，研制出中国第一颗钚-238 同位素电池，填补了国内空白，为继续探索、开发同位素能源打下了坚实的基础。

2010 年，具有自主知识产权的国产 CN-101 型钴-60 放射源通过鉴定，形成年均生产 600 万居里能力。产品质量达到国际先进水平，填补了国内空白，打破了国外的长期垄断与控制。

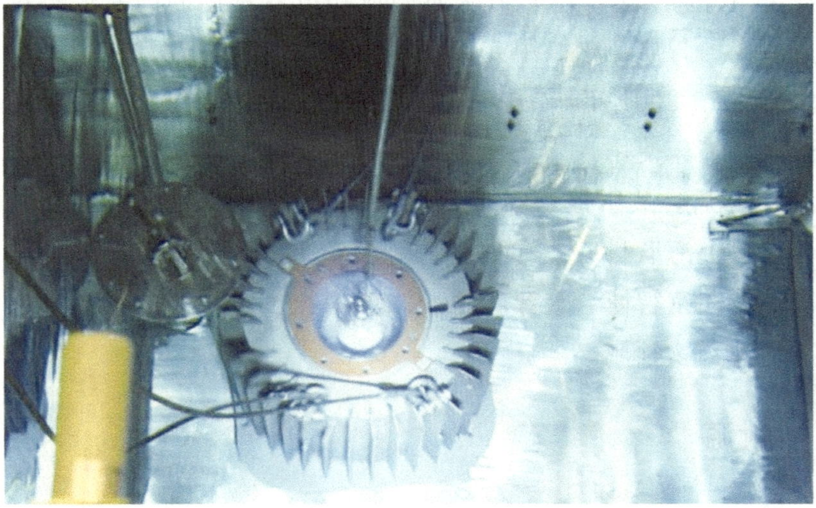

CN-101 型钴-60 放射源在水下装入包装容器

通过自主研究，逐步建立了粉末冶金、搪瓷陶瓷、电镀自镀、充气等源芯的制备技术、密封技术和源的检验试验技术，源的安全性能和使用性能逐步提高。先后研制生产出 α 源、β 源、γ 源、中子源、热源等系列新产品，对保障国家安全、工业自动化、资源开发与利用，以及一些重要特殊领域的典型应用，发挥了重要作用。

（二）稳定同位素的研制生产

1997年，原子能院开始分离生产稳定同位素铷-85、铷-87。“十五”期间，原子能院向中科院武汉物理与数学研究所提供高丰度铷-85、铷-87产品，解决了他们的燃眉之急。此后，与中国航天科技集团公司510所、中国航天科工集团公司第二研究院203所、中国科学院国家授时中心、成都天奥电子股份有限公司等多家单位合作，并持续提供高丰度铷-85、铷-87产品。

“十一五”期间，原子能院通过电磁分离器制备了铁-54、铜-63、锌-64、锌-63、铅-207五种稳定同位素。“十二五”期间，利用电磁分离器分离出高丰度铷-87和铷-85样品，为中国“北斗二代”星载铷钟研发提供了所需的铷同位素，满足了卫星导航系统使用要求。

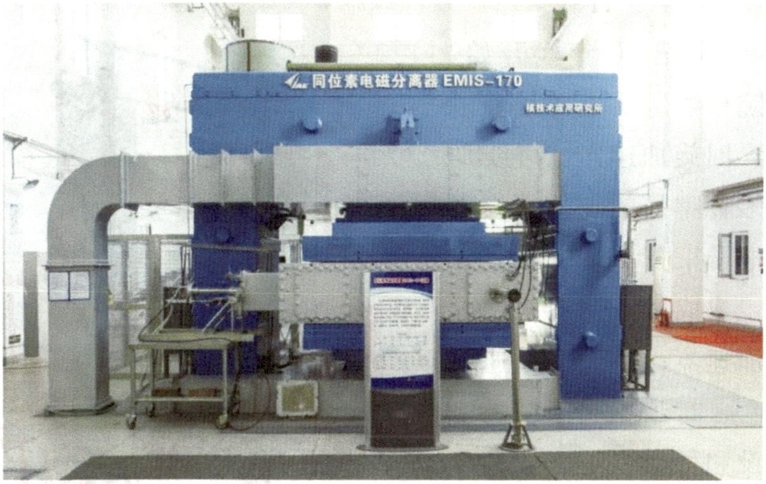

同位素电磁分离器

三、辐照装置

辐照装置主要有两种，一种是利用钴-60伽马源，另一种是利用电子加速器，可根据不同的产品用途选择适宜的辐照装置。这两种辐照装置适用范围各有所长，设计建造已完全实现国产化。

（一）钴源辐照装置的设计与建造

1991 年，北京核二院比尼新技术有限公司（简称比尼公司）成立，在国内率先研究开发和设计商用 γ 辐照装置。经多年发展，将加拿大先进的 γ 辐照装置设计理念引入国内，开发出两种全新的 γ 辐照装置并推向市场，在国内 γ 辐照装置建造市场占有重要地位。1998 年 12 月，北京三强核力辐射工程技术有限公司成立（简称三强核力），其设计水平与建造能力，得到国内外市场和同行的认可。2004 年 8 月，原子高科成立北京原子高科金辉辐射技术应用有限责任公司（简称金辉辐射），是国内具有 γ 辐照装置设计资质的 3 家单位之一。

（二）加速器的研制与制造

从 20 世纪 80 年代开始，原子能院相继研制成功了静电加速器、回旋加速器、直线加速器等多种型号的加速器。强流脉冲电子束技术研究获得较大进展，建成了强流短脉冲电子直线加速器；开发了加速器辐照技术，初步形成了一批为经济建设和科研工作服务的支柱性项目。2007 年，原子能院成功研制 10 兆电子伏高能大功率辐照加速器，是第一台投入商用运行的装置。该装置束流能量高，功率大，单色性好，长期运行稳定可靠。

中国第一台高能大功率电子辐照加速装置

2007年5月，无锡爱邦研制的0.5～3.0兆电子伏系列加速器产品，填补了国内空白，达到国际同类产品的先进水平。2008年6月，无锡爱邦与中科院高能所合作，共建国内首家“电子辐照加速器技术工程中心”。2008年后，相关产品出口韩国、印度，实现国际市场零的突破。

2011年，武汉久瑞电气有限公司以中国工程物理研究院为技术依托，生产制造低能电子辐照加速器，在国内轮胎行业进行了大量的推广应用工作。

2012年7月，北京机械工业自动化研究所研制的第100台无损检测用电子直线加速器进入市场，使无损检测用加速器生产迈上新台阶。

2014年，原子能院成功研制多能量档电子直线加速器。该电子直线加速器可用于开展辐射剂量计的校准与鉴定；也可用于半导体和微电子学器件的抗辐射加固及性能研究。

四、核仪器仪表

核仪器仪表按照应用领域可分为：通用核仪器仪表、核设施仪器仪表、辐射监测仪器仪表和核辐射应用仪器仪表。

（一）通用核仪器仪表

通用核仪器仪表，主要是指核探测器和基础插件，是粒子物理、核物理、天体物理等学科研究的基础，在国民经济、国家安全、国防建设、核医学及核能源等方面起着重要的作用。通用核仪器，是核仪器的基本组成部分，也是成套核仪器的基础部分和通用部分，它主要用以测量与处理核辐射的活度、时间、能量和位置等信息。20世纪90年代，核仪器仪表供应商能够生产6大类近30余种通用核仪器仪表产品。

（二）核设施仪器仪表

核设施仪器仪表种类很多，这里专指在反应堆装料、启动、停堆和运行时，监测和控制反应堆功率变化和功率分布的仪器仪表。数字化仪控系统，是核电站的中枢神经系统，用于实现对核电站的保护、控制和监督。

西安核仪器厂，是国内最大的核辐射监测系统的制造商和集成商。1989 年开始，为秦山一期提供了成套的辐射监测系统，之后为国内外共 20 多个核电机组提供了成套的辐射监测仪器。

中核控制系统工程有限公司是产品链最长、品种最齐全、配备最完整的专业核仪控供应商，是国内唯一有堆控测量系统应用业绩的生产商。

2010 年 10 月，中广核所属北京广利核系统工程有限公司（简称广利核公司）成功研制出中国首个具有自主知识产权的核电站数字化仪控系统——“和睦系统”。

2013 年 1 月，国核自仪系统工程有限公司（简称国核自仪）研制出具有自主知识产权的“和睿”系列核电站数字化仪控系统产品，技术指标达到国际领先水平，成为国内首个通过国际权威认证的安全级产品。

（三）辐射监测核仪器仪表

国内研制生产辐射监测仪器的单位众多，产品的性能水平比以往有了长足进步，部分产品可以取代国外产品。对于核电站的辐射监测和使用环境要求更高的使用场合，西安核仪器厂和中船重工集团第七一九研究所，具备较强的供货能力。

随着核电建设步伐加快，表面放射性污染检测仪器研制生产发展迅速，已基本呈系列化，可以满足不同需求，智能化程度高，全数字化网络化设计已达到甚至超过国际同类产品水平。

（四）核辐射应用仪器仪表

20 世纪 80 年代开始应用的核仪器，首先是工业测控仪器，主要包括核子料位计、密度计、测厚仪、核子秤、探伤仪、中子水分仪、X 荧光分析仪、煤灰分仪等。经过几十年的努力，工业核仪器逐渐缩小了与国外设备的差距，例如料位计、密度计、核子秤、中子水分仪、灰分仪等，能替代国外设备。国产的带钢同位素测厚仪、X 荧光分析仪，在低端市场上占主要地位，在高端市场上还存在差距。中子在线活化分析技术也取得了很大进展，推出了自己的产品。

1985 年，核动力院开发的便携式 γ 探伤机，在设备制造工业的生产中得到广泛应用。

1986 年 11 月，黑龙江省技物所研制成功中国首台核子秤。

20 世纪 80—90 年代，中国核测井技术和仪器设备的发展，经历了一个引进、吸收和自主创新的过程，国内逐渐开发了自然伽马测井仪、γ 密度测井仪、中子孔隙度测井仪、伽马能谱测井仪等核测井仪器。

第三节　核技术在各领域的产业化应用

核技术应用在工业、农业、医疗、环保、资源勘探和开发、公共安全、生命科学、材料科学、信息科学和基础科研等诸多领域，具有不可替代的重要作用，其交叉融合性和渗透作用展现了巨大实用价值和经济效益。

一、农业应用

利用核技术开展辐射育种、昆虫辐射不育、食品辐照保藏、农药示踪等方面研究，都取得重要科技成果，产业规模不断扩大。

（一）辐射育种

20 世纪 80—90 年代，全国农业领域核技术应用发展迅速，先后有上海、天津、江苏、新疆等 25 个省（区、市）的农业科学院或农学院，建立 30 余座辐照装置或辐照实验室。

1999 年，利用辐射诱变和相关技术相结合，已在 40 多种植物中获得突变品种 513 个。2008 年，“扬辐麦”4 号经钴-60 γ 射线辐照诱变后选育而成，以亩产 689.9 千克破江苏省小麦高产记录，连续三年保持全省红皮小麦当年最高产量记录。

辐射育种

21 世纪初，利用重离子诱变育种，在河西走廊育成一个小麦新品种，推广面积达到 800 余万亩，不但保持味道好，而且增产了 12%。在新疆，育成一个棉花新品种，实现高产和方便采摘。

2010 年，中国共在 45 种植物上育成 804 个突变品种，超过国际完成总数的 1/4，成为名副其实的核农学大国。

2012 年以后，用重离子辐照诱变育种中药材，育成了一些新的品种，如党参、花卉、甜高粱等。

（二）食品辐射保藏

20 世纪 80 年代，为了保证辐射保藏食品的食用卫生，有关部门开展了辐照食品卫生标准的研究。卫生部正式批准辐射保藏马铃薯、洋葱、大蒜、蘑菇、稻谷加工大米和花生仁的卫生标准以及香肠的暂行卫生标准。

1996 年 4 月，卫生部制定并发布了《辐照食品卫生管理办法》。此后，食品和农产品的辐照加工快速发展。

二、医学应用

核技术在医学中的应用主要包括核技术诊断与辐射治疗，这种应用又称核医学。

（一）放射免疫分析

原子能院是国内最早开展放射免疫分析的单位之一，从 20 世纪 70 年代末开始向全国医院批量供应碘-125 标记的放射免疫分析药盒及标记化合物。

1986 年 10 月，中国同位素公司与上海卢湾区中心医院合作创办放免检测中心，开启了企业与医院合作的新模式。为在全国推广放免检测技术，中国同位素公司以此合作模式在北京等十几个大中城市兴办了 85 家放免检测中心。

2011 年，中国同辐下属北方所积极拓展非放射性免疫分析技术，开展体外诊断试剂（医疗器械）产品的研制、生产和销售。截至 2015 年，已取得 60 余种放射免疫、免疫放射分析药盒药品注册批件和 90 余种医疗器械注册证书，成为国内拥有放射免疫、免疫放射分析药盒批准文号最多的制造商，可同时向市场提供包括甲状腺功能、肿瘤、性腺、心血管和糖尿病检测在内的十余个系列近 300 多个品种的临床及科研用体外诊断试剂。

（二）核医学诊断治疗

据不完全统计，全国核医学诊断年显像约为50万人次，年核素治疗为16万人次，但是，实际上应远大于此数字，尤其是广东、广西、四川等治疗工作开展较为普及的省份。在核素治疗中，甲亢治疗占53%，骨转移性肿瘤、甲状腺癌、皮肤癌敷贴等治疗应用也较普遍。

2001年，南京航空航天大学开展硼中子俘获放射治疗技术的研究，主要应用于晚期癌症的治疗。2009年，原子能院等单位建成了世界首台基于微型反应堆的硼中子俘获治疗装置。

2015年，全国拥有的放射治疗设备：直线加速器1931台，钴-60远距离治疗机96台，X刀171台，伽马刀210台，近距离治疗机439台。

三、工业应用

（一）辐射化工产品开发

20世纪80年代，中科院长春应化所等单位完成了国家“六五”攻关项目“多相聚合物辐射交联热收缩电缆附件的研制”，项目成果迅速推广使用。吉林辐化所引进美国RDI大功率加速器，形成第一个电力电缆热缩材料研究与生产基地。1987年8月，中科院组建了长春应用化学研究所热缩材料厂，产品在电力工业系统推广应用，结束了完全依赖进口的局面。1994年3月，该厂改组为长春热缩材料股份有限公司（简称长春热缩），并于1997年10月7日成功上市，是中科院上市的第一家公司。

同期，国内有不少单位开展聚烯烃的辐射交联、不饱和聚酯类树脂的辐射固化、橡胶的辐射硫化、聚合物辐射降解以及辐射接枝改性等研究工作，有十几种化工产品投入小批量生产，如：交联聚乙烯热收缩膜、聚丙烯酰胺、辐射电池隔膜、辐射接枝聚四氟乙烯等。

2011 年，国内热缩材料辐照市场规模约为 1 亿美元。国内主要用于热缩材料辐射加工的电子加速器有 40 余台，总功率约为 3000 千瓦。

特种电线电缆是辐射化工领域的重要产品，是常规化学法无法生产的。据不完全统计，2011 年中国辐射交联线缆总市场规模超过 40 亿美元。国内用于线缆辐射加工的电子加速器 200 余台，总功率接近 15 000 千瓦。

（二）辐照加工

钴源 γ 辐照装置主要用于辐射育种、农产品辐照保藏、医用品辐照灭菌、工业产品辐照改性等。随着相关领域的需求增加和 γ 辐照装置技术能力的提升，辐照加工产业得到快速发展。

1990 年前，国内小型 γ 辐照装置（30 万居里以下）有 55 座，大型 γ 辐照装置（30 万居里以上）有 18 座。小型 γ 辐照装置的优点是投资小，见效快，但是由于放射源强度与技术操作水平低，经济规模上不去。

1991—2010 年，国内 30 万居里以上的大型 γ 辐照装置建造了 72 座，其中设计最大装源量为 600 万居里，规模效益显现。辐照装置出现向大型化发展趋势，辐照加工的产业化进程日益加快。

辐照加速器生产企业，以行业需求为导向，形成了系列产品和品牌，经营方式和组织形式实现了产业化，为辐射化工产品的开发和应用提供了保障。

（三）工业其他领域的应用

20 世纪 80 年代，原子能院和核动力院开展单晶硅辐照掺杂，并建成生产线。之后，进行了扩大掺杂品种的研究，黄玉宝石辐照改色研究取得一定成果。

20 世纪 80 年代初，用于半导体改性的离子注入机约有 100 台，从事离子注入改性研究的有20多个单位，其中有北京师范大学、中国科学院冶金研究所以及原子能院等单位。20世纪80—90年代，核西物院离子注入技术应用研究取得重要成果，形成离子镀膜、离子注入和纳米粉末制备等优势项目。

2001年，在国际原子能机构的支持下，原子能院（原子高科）建成了同位素示踪剂的研制生产与配套测试和现场服务的完整技术体系，开发了石油工业先进放射性示踪技术，在大庆油田、长庆油田等十余家石油化工企业得到实际应用。

四、公共安全领域应用

核技术在公众安全领域的应用，是核技术应用创新取得显著成绩的重要内容之一。公共安全产品研发与生产，包括火灾报警系统研发与生产、安检设备研发与生产等，在打击走私犯罪、保障公共安全方面作出重要贡献。

（一）大型集装箱检查系统的开发与应用

1999年5月3日，同方威视技术股份有限公司（简称同方威视）研制出世界上第一台采用加速器的移动式集装箱检查系统产品样机，系统性能达到国际领先。

2005年后，同方威视成功研制出双能集装箱/车辆检查系统、快中子/交替双能X射线检查系统，更容易发现并识别各类危险品及违禁品。

2008—2010年，同方威视为北京奥运会、国庆60周年庆典、上海世博会、广州亚运会等重大活动提供了多种类型的安检设备。2011年5月，同方威视放射性监测产品首次进入核电行业。

2011年，同方威视的全球货物及车辆安全检查系统市场份额首次跃居第一位，随后连续10年蝉联第一。截至2012年，同方威视已生产90多套大型集装箱检查系统批量装备中国海关，600多套大型设备和6000多套小型设备销往全球120多个国家和地区。

世界第一套车载移动式集装箱检查系统

（二）安保产品的开发与应用

2001 年 9 月，原子能院与公安部一所合作，研制成功世界首创的新型海关集装箱检测系统，该系统是世界上第一台将钴-60 放射源与固体探测器相结合的集装箱检测装置，出口并安装在柬埔寨西哈努克港。

2005—2009 年，原子能院研发的邮件检测系统成功应用在 2008 年北京奥运会。独立式光电感应烟火探测报警器于 2008 年成功用于北京饭店（扩建）奥运消防工程。“NQR 爆炸物检测系统”等产品，成功应用于北京奥运会、新中国成立 60 周年庆祝活动、第十届全运会、上海世博会安全检查中。

五、其他领域应用

核技术应用的领域非常广泛，在环保领域的技术开发及实际应用上取得明显进展，在航天领域得到实际应用；核技术还是打开微观世界的强有力工具，广泛应用于基础科学、生命科学以及其他学科的研究中。

（一）环保领域

2007 年，清华大学承担了国家水体污染与治理科技重大专项。丙烯腈废水先经膜吸收处理，再利用钴-60 射线对氰化物进行辐射分解，取得重要成果。

2009 年开始，中广核达胜加速器技术有限公司和清华大学研制成功工业废水处理专用的电子加速器及辐照反应器，形成了具有完全自主知识产权的核心装备和处理工艺，实现了世界环境污染治理领域的重大突破。

（二）航天领域

2013 年 12 月，探月工程二期在“嫦娥三号”着陆器和“玉兔号”巡视器上使用了钚-238 热源提供热量，以保证各种设备在月面低温下存活。放射性同位素为探月工程二期圆满成功作出了重要贡献。

（三）核分析技术及其应用

20 世纪 90 年代以来，原子能院利用加速器质谱计，建立了多种核素的高灵敏度测量方法，成功测量了不同样品中不同核素的大量数据。

中子活化分析是确定物质元素成分的定性和定量分析方法，在地质勘探、地质测年、食品安全、大气与环境污染治理、基因工程、纳米材料等方面可发挥重要作用。从 20 世纪 80 年代开始，原子能院积极参与国际合作项目“测定南极冰岩心样品的微量元素含量”，开展“河北省食道癌高发地区人群指甲微量元素含量的研究”，通过测定光绪遗体的头发、遗骨、衣服样品中砷含量为揭开光绪死因之谜提供了关键证据。

（四）固体径迹探测技术及其应用

固体径迹探测器可探测质子、α 粒子、重离子、裂变碎片和宇宙射线中的原子核等，具有灵敏度高、探测径迹小、稳定性好等优点，在各个领域中广泛应用。20 世纪 80 年代中期，利用裂变径迹法进行大面积铀矿普查，在江西省发现新的矿化区域和铀矿。1995 年，利用裂变径迹法测定了广西百色古人类遗址年代。“神舟号”飞船载有固体径迹探测器，用于对轨道空间各种带电粒子进行监测。

第三篇

新时代核工业的跨越发展

中国特色社会主义进入新时代，党中央提出“创新、协调、绿色、开放、共享”的新发展理念，国家能源安全新战略深入实施，世界新一轮科技革命和产业变革蓬勃兴起，都为核工业产业升级和技术升级提供百年难遇的契机和成长空间。持续推动核能开发利用，强力推进数字核工业建设，充分发挥核工业高科技优势，不断开拓产业发展新天地，是实现核工业新腾飞的必由之路。

中国核工业通过自主创新紧抓发展主动权，通过体制机制创新应对外部环境新变化和市场新需求，抓住“一带一路”机遇，积蓄稳定发展的持久动能，全力推动建设核工业强国，大力担当“强核强国”使命，并在世界核工业领域发挥更大影响和更积极作用。

第九章

核工业跨越发展的推进

2015 年以来，党和国家对核工业提出了新的更高要求。核工业顺应时代发展趋势，积极响应党中央的号召，全方位推进核工业强国建设。

第一节　党和国家对核工业发展的新要求

党和国家对新时代核工业发展提出明确要求，寄予殷切期望。2015 年，在中国核工业创建 60 周年之际，习近平总书记指出，60 年来，几代核工业人艰苦创业、开拓创新，推动我国核工业从无到有、从小到大，取得了世人瞩目的成就，为国家安全和经济建设作出了突出贡献。核工业是高科技战略产业，是国家安全重要基石。要坚持安全发展、创新发展，坚持和平利用核能，全面提升核工业的核心竞争力，续写我国核工业新的辉煌篇章。

近年来，习近平总书记多次谈到“两弹一星”精神及其时代价值。2020 年 9 月 11 日，习近平总书记在科学家座谈会上明确要求广大科技工作者要“弘扬‘两弹一星’精神，主动肩负起历史重任，把自己的科学追求融入建设社会主义现代化国家的伟大事业中去”。

2021 年 5 月 19 日，国家主席习近平与俄罗斯总统普京共同见证两国核能合作项目——江苏田湾核电站 7、8 号机组和辽宁徐大堡核电站 3、4 号机组开工仪式。习近平对中俄核能合作提出三点希望：第一，坚持安全第一，树立全球核能合作典范；第二，坚持创新驱动，深化核能科技合作内涵；第三，坚持战略协作，推动全球能源治理体系协调发展。习近平这三点希望，饱含着对中国核工业发展的希望和要求。

2021 年 5 月 28 日，习近平在中国科学院第二十次院士大会、中国工程院第十五次院士大会、中国科协第十次全国代表大会上发表重要讲话，指出："战略高技术领域取得新跨越……'国和一号'和'华龙一号'三代核电技术取得新突破"。

2021 年 6 月 14 日，新华社发表了《不朽的功勋 闪光的精神——访习近平总书记关心的二二一厂离退休职工》的报道，文中写道："习近平总书记十分关心二二一厂离退休职工，多次作出重要指示批示，要求解决离退休人员生活上遇到的困难和问题。"

第二节　筑牢国家安全基石保证安全发展

核工业是国家安全重要基石。发展核工业，既要铸就强国利器，也要坚持和平利用核能，注重安全发展。

一、牢记使命筑牢国家安全基石

战略核力量，从来都是战略威慑核心力量，是大国地位战略支撑，是维护国家安全重要基石。确保核威慑能力持续有效可靠，维护国家发展重要战略机遇期与核心利益，维护世界和平稳定，始终是核科技工业发展的根本目标。中国发展核武器是为了打破核讹诈，始终恪守不首先使用核武器"三原则"，最终目标是为了消灭核武器。中国核工业以国家战略需求为导向，积极适应新时期国防和军队现代化建设新要求，不断巩固和提升具有国际先进水平的科技创新能力，筑牢与我大国地位相称、与国家安全与发展利益相适应的国防基石。

国家面向2030年的科技长远战略，对战略科技支撑的需求比以往任何时期都更加迫切。中国核工业在关系国家全局和长远发展的战略必争领域，加快关键领域核心技术突破，奋力抢占战略制高点，打造新时期自主创新强大新引擎，为在新一轮全球科技竞争中赢得战略主动作出新贡献。

二、提升核安全能力保障安全高效发展

核安全监管始终坚持以法规标准作为核与辐射安全的基本保障，充分借鉴国际先进经验，全面总结国内外核与辐射安全的良好实践，建立了以2部法律、7部行政法规、27项部门规章、95项导则构成的层次清晰、科学有效、合理可行的核与辐射安全法规标准体系，为确保核与辐射安全，保护公众和从业人员的安全健康，奠定了坚实的法治基础。核安全写入2015年7月1日开始施行的《中华人民共和国国家安全法》，纳入国家总体安全体系。2018年1月1日，《中华人民共和国核安全法》施行，使核安全监管的法律体系更为完善。

国家核安全局持续优化体制机制，推进核安全“十三五”规划终期评估和“十四五”规划编制。不断完善标准法规，发布《核动力厂管理体系管理规定》等法规标准文件。依法从严规范管理，完善核电站安全性能指标体系。加强技术保障和人才队伍建设。推行核安全专业人才资质管理制度，对核安全关键岗位实施注册核安全工程师制度。同时，大力开展核安全技术研发。

2016年3月，中国与美国合作建立的中美核安保示范中心建成投入使用。2016年，国防科工局组织了首次核安保突发事件应对综合演练“风暴-2016”。

中国核安全保持了良好记录。截至2021年7月1日，大陆50台运行核电机组、19座在役民用研究堆（临界装置）、9座核燃料循环

设施，保持良好安全记录。核电机组未发生过国际核事件分级标准2级及以上的事件或事故。3座低放固体废物处置场、14.9万枚放射源和20.5万台（套）射线装置安全受控。

第三节 全方位构建核工业的新体系

新时代的中国核工业，迎来了最好的战略发展机遇期。为实现从核大国到核强国的跨越发展，正在以新理念全方位构建核工业的新格局。

一、产业重组打造核工业新局面

2015年5月，中国电力投资集团公司与国家核电技术有限公司合并，重组为国家电力投资集团有限公司（简称国家电投）。国家电投负责从美国引进的第三代核电技术AP1000落地建造，并在该技术基础上打造功率更大的升级版——具有自主知识产权的“国和一号”（CAP1400）。

2018年1月31日，中国核工业集团有限公司与中国核工业建设集团有限公司实施重组，中国核工业建设集团有限公司整体无偿划转进入中国核工业集团有限公司。7月19日，中组部宣布中国核工业集团有限公司（简称中核集团）新领导班子成员，余剑锋任党组书记、董事长，顾军任党组副书记、总经理。通过重组，中核集团成为集核电技术开发、投资运营和建造于一体的全产业链综合性核工业集团，体量更大、品质更优、实力更强，对提升中国核电国际竞争力、加快核电“走出去”更为有利。中核集团重组后，通过采取持续加强自主创新能力建设、不断加大混合所有制改革力度、进一步加快资产证券化步伐等创新发展、深化改革举措，逐渐打造成为具有行业引领力的新型核工业集团。

2020 年 9 月 28 日，由上海核工院与国核工程公司重组形成的新国家核电技术公司正式揭牌，新国家核电公司与上海核工院以“两块牌子，一个本部”的模式运作，成为国家电投下属的集研发、设计、采购、建造、调试于一体的核能总承包企业。

随着政府机构改革调整和核电发展的需要，中国核电建设及管理体制几经变化。目前，国家能源局、国家国防科工局、国家核安全局等部门分别履行核电发展管理、核工业行业管理和核安全监管职责；中核集团、中广核、国家电投具有核电建设与运营资质，是核电发展的主要力量。

二、推进核科技创新体系建设构建核工业新体系

推进先进核科技创新体系建设，是新时代核工业发展的必然要求。2019 年，中核集团先后出台《关于深化科研院所改革的意见》《关于新时代先进核科技创新体系建设的意见》《关于集团公司所属科研院所薪酬改革的指导意见》等 3 个文件。为深化科研院所改革，加快推动科研院所可持续高质量发展，中核第四研究设计工程有限公司与核工业北京化工冶金研究院实施重组，整合成立中核矿业科技集团有限公司，为做强、做优、做大天然铀产业奠定重要基础，成为核工业科研院所体制机制改革样板和标杆。

为支撑科技基础能力和智库建设，2019 年 10 月中核战略规划研究总院有限公司挂牌成立。该院研究成果多次获得中央、有关部委和中核集团领导的批示和表扬，部分研究成果为中央决策、政策措施发布、行业规划编制、专项管理优化等提供重要支撑。

中核集团把与高校合作，加强产学研用协同创新作为重大战略决策。2019 年 9 月，中核集团与清华大学、西安交通大学、上海交通大学和哈尔滨工程大学 4 所高校共建的联合研究机构理事会第二次会议在北京成功召开，标志联合研究机构自 2019 年初挂牌以来，校企合作取得阶段性成果，以中核集团为小核心的大协作核科技创新体系正

加速推进，共建联合研究机构进入实质性运行阶段。2019 年 12 月 13 日，中核集团与中科院在北京签署核用材料与安全评价联合重点实验室共建协议并揭牌。

建设核科技创新体系，必须建立核科技自主研发平台。为实施关键技术攻关、培养科技人才、开展学术交流，中核集团围绕“核动力技术、核燃料循环技术、核应用技术、核基础和共性技术”等技术领域的科研攻关，在“工程应用、关键技术攻关、应用基础研究”三个层面构建科技创新研发平台，同时构建和完善技术基础支持平台，建立布局合理、开放共享、具有国际先进水平的核科技创新体系，支撑主导产业发展。建立重点实验室和工程技术研究中心，并注重对国家级研究机构的管理和发挥其作用。截至 2020 年底，中核集团拥有 16 个国家级研发平台、8 个部委级研发平台，还设有 21 个集团重点实验室、14 个集团工程技术研究中心，并与清华大学等 5 所高校和中科院金属所分别设立了 6 个共建研究机构，有力支撑了核科技力量建设、核能和核技术应用的高质量发展。

三、重要科研设施和先进技术推进核强国建设

开展核科学技术研究，必须具有相应的基础设施；实现核工业产业升级，必须发展先进技术。进入新时代，核工业建成了一系列新的基础设施，发展了一系列先进技术。

2015 年 5 月 4 日，100 兆电子伏强流质子回旋加速器与在线同位素分离器成功实现联合调试，并产生钾-38 放射性核素，表明系统具备产生放射性核素的能力。HI-13 串列加速器升级工程形成一器多用、多器合用、多领域、多学科的科学研究平台。它的建成填补了中国中高能强流质子回旋加速器、高分辨同位素分离器和重离子超导直线加速器空白，达到目前国际同类装置先进水平，使中国成为少数几个拥有新一代放射性核束加速器的国家。

2016 年 3 月 26 日，原子能院圆满完成中国首座微型中子源反应

堆（简称微堆）低浓化改造，实现首次满功率运行。之后，圆满完成加纳微堆、尼日利亚微堆低浓化改造任务。

2015 年 9 月 1 日，中国首次实验室规模动力堆后处理热试验在核燃料后处理放化实验设施启动，2015 年 12 月 26 日完成第二次热试验。此设施的应用，对保障后处理厂自主建设、提高核工业核心竞争力具有重要意义。

2015—2016 年，辽宁核电有限公司与中国核电工程有限公司联合开展大型压水堆核电机组热电联供方案研究，取得国内首个核电供暖技术专利。2019 年 11 月 15 日，国家能源核能供热商用示范工程——海阳核能供热项目一期工程第一阶段正式投用，实现了单一核电向核能综合利用、多能互补转变。2019—2020 年供暖季，海阳核电成功实现抽汽供热。2019—2020 年，江苏核电有限公司、中核苏能核电有限公司分别委托中国核电工程有限公司开展核能供汽和海水淡化项目前期研究工作。项目建成后可为当地工业园区提供清洁工业蒸汽和淡水，助力一方经济低碳清洁发展。2021 年 7 月 28 日，中核集团首个核能供暖项目在秦山核电开工建设，向海盐县城区域清洁供暖，该项目将成为“江南核能供暖示范窗口”。

2018 年 8 月，中国散裂中子源建成并投入运行。2020 年 12 月 26 日，世界最强流深地核天体物理加速器出束并开始物理实验。

四、资本运作增强核工业“造血”能力

新时代核工业各发展主体，都高度重视资本对发展核工业的作用。伴随国资管理从“管资产”向“管资本”转变，核工业积极推进资产证券化进程、实现股权多元化、探索混合所有制，以增强国有资本活力、影响力和控制力，促进产业发展与资本市场深度融合。

2014 年，中广核电力在香港联合交易所主板上市，为首个上市的国内核电企业。2015 年 6 月 10 日，中核集团控股的中国核能电力股份公司（简称中国核电）在上海交易所正式挂牌上市，成为 A 股市场

第一支纯核电股票。2016 年 6 月 6 日，中国核建成功在 A 股市场挂牌上市，开启中国核建品牌价值提升的新征程。2017 年 2 月 27 日，中广核技在深圳证券交易所重组上市。2018 年 7 月 6 日，“核药”龙头企业——中国同辐在香港联合交易所主板成功挂牌上市。2019 年 7 月 25 日，中广核电力 A 股首次公开募股（IPO）获得中国证券监督管理委员会发行审核委员会审核通过，成为首个多地上市的内地核电公司。2021 年 4 月 9 日，中金辐照股份有限公司成功在创业板上市。

2020 年 1 月 8 日，中核集团完成收购同方股份股权交割工作，正式入驻同方股份成为其控股股东。在新的历史发展阶段创新求变，通过完成同方股份收购，发挥与同方股份产业契合度高、协同效应强的优势，推动高质量发展；借助同方股份科技孵化平台，推动产学研用深度融合；创造发展新动能和新经济增长点，推动中核集团做强、做优、做大。

五、“华龙一号”带动核工业“走出去”

中国政府及领导人和国家相关部门力推“华龙一号”作为中国制造业名片，实施以“华龙一号”走出去为核心的国际化战略。核工业在配合国家“一带一路”倡议，打造中国制造国家名片的同时，以“华龙一号”带动核工业全产业链出海，进一步打造和提升核工业整体国际竞争力。

2015 年 7 月 31 日，“华龙一号”迈出国门，海外首堆巴基斯坦卡拉奇项目开工建设，首次实现中国百万千瓦级先进核电技术“走出去”目标。这是核工业贯彻落实中央“一带一路”倡议有力实践，中国成为第四个能独立出口第三代核电技术国家。

采用“华龙一号”技术建设的卡拉奇核电项目（K-2、K-3）是巴基斯坦国内最大核电项目，厂址位于阿拉伯海沿岸、巴基斯坦卡拉奇市附近，距巴基斯坦首都伊斯兰堡约 900 千米。该项目发电能力为 220 万千瓦，由中国中原对外工程有限公司总承包。2017 年 10 月 13

日，“华龙一号”海外首堆巴基斯坦卡拉奇核电站 2 号机组核岛内穹顶顺利吊装就位，转入设备安装阶段。2018 年 9 月 29 日，卡拉奇核电站 3 号机组核岛内穹顶顺利吊装就位，3 号机组建设由土建施工全面转入设备安装阶段。2019 年 11 月 26 日，卡拉奇核电项目 K-2 机组启动冷试，由安装阶段全面转入调试阶段。当地时间 2021 年 3 月 18 日，K-2 机组首次并网成功。当地时间 5 月 20 日，投入商业运行。

“华龙一号”海外首堆——巴基斯坦卡拉奇核电站 2 号机组穹顶吊装

六、推动体制机制创新激发活力

核工业以增强活力和提高效率为中心，大力推动国有企业体制机制创新，在国企改革重点领域和关键环节取得新的进展和成效。

提升管理水平，建立现代企业制度。为真正融入市场，成为具有市场竞争力的经济实体，核工业各主要企业持续进行管理创新，不断推进现代企业制度建设，逐步建立起与市场经济相适应的体制机制。建立可持续发展的业务组合和培育机制，形成结构化、梯次型、可持续发展业务布局，活力与效率均衡的组织管控架构。优化产业布局，不断完善专业化经营模式。强化战略管控，提升决策制定与执行效率，促进企业降本增效，提高经营业绩，增强企业核心竞争力与可持续发展能力。中核集团以核工业国有资本投资公司为改革方向，以两核重组为契机，推进现代企业制度建设，不断完善治理与管理相结合的母子公司体制和管控模式，加大授权经营力度，推动改革不断深入。

建立和完善董事会。2013 年 3 月 25 日和 2014 年 7 月 4 日，国务院国资委分别组织召开中核集团、中广核建设规范董事会工作会议，正式组建中核集团、中广核董事会，向建立现代企业制度、完善法人治理结构迈出实质性步伐。2017 年后，中广核积极开展落实董事会职权试点工作，全面推行经理层成员契约化管理。2016 年 1 月 26 日，国家电投第一届董事会成立，建设规范董事会工作正式运行。

完善市场化机制，激发内部创新潜能。开门搞创新，与同行企业、产业链上优势企业、科研院所、高校强强联合，互相取长补短。中核集团提高科研人员薪酬待遇、加快资产证券化步伐、加大混改力度，加强科研院所能力建设、条件建设，留住优秀科研人才，吸引国际科研人才；薪酬考核向科研人员倾斜，向承担国家重点项目人员倾斜，向为集团创新发展作出重大贡献人员倾斜。中广核将公司经营发展和科研人员个人利益深度捆绑，构建国际化人才培养体系。

第四节　推动国际核秩序和人类核安全命运共同体的构建

核能是把双刃剑，在给人类带来新能源的同时，也给人类带来毁灭性的手段。为了让核能造福人类而不是毁灭人类，必须建立稳定合理的国际核秩序，和平利用原子能，构建人类核安全命运共同体。

一、推动构建国际核秩序

当前，国际核秩序由“不扩散核武器”“和平利用原子能”“核军备控制与核裁军”三部分构成，其中，“不扩散核武器”是核心，是后两者运作与实现的前提。

中国严格防止核扩散，注重核安全的同时，积极推进核能和平利用。2016 年 4 月 2 日，国家主席习近平出席华盛顿全球第四届核安全峰会，并发表题为《加强国际核安全体系，推进全球核安全治理》的重要讲话。围绕构建公平、合作、共赢的国际核安全体系，全面阐述中国政策主张，介绍中国在核安全领域取得的新进展，宣布中国加强本国核安全并积极推进国际合作的举措。

2019 年 2 月 21 日，世界核电运营者协会（WANO）会员大会全票通过“上海中心项目”，WANO 上海中心正式落地。上海中心的设立和运作，是中国核电企业贯彻落实习近平关于“积极参与全球治理”的又一次实践，将为世界核电安全可靠运行贡献更多中国智慧和中国力量。该项目由 WANO 倡导，在中核集团积极响应、国内其他涉核企业集团大力支持和通力协作下共同完成。

2019 年 7 月，中国发布《新时代的中国国防》白皮书，重申中国的核政策基石，即“在任何时候和任何情况下都不首先使用核武器、无条件不对无核武器国家和无核武器区使用或威胁使用核武器”。

二、构建人类核安全命运共同体

中国作为核大国，发展核事业 60 多年来，保持了高水平核安全，在国际社会做出了表率。中国建立了完整的核安全监管体系，覆盖全国各类型核设施和各种核活动。建立了完整的核安保体系，核材料管控有力，公众健康和环境安全得到充分保障。核设施保持安全运行，核电安全运营指标居世界前列，核技术利用安全水平不断提升，长期保持良好核安全记录。坚持不懈加强核安全文化建设，营造共建共享的核安全氛围。

中国积极推动构建人类核安全命运共同体，批准核安全领域国际法律文书，严格执行联合国安理会决议，支持和参与核安全国际倡议。支持国际原子能机构在核安全国际合作中发挥核心作用，从政治、技术、资金等方面，为该机构提供全方位支持，持续向该机构核安全基金捐款。加入核供应国集团等多边机制和国际组织，深化打击核恐怖主义国际合作，以实际行动为推动全球核安全治理贡献中国力量。

中国与法、美、俄、日、韩等国家和“一带一路”核电新兴国家密切沟通，签订50余份和平利用核能合作协议。加强高层互访、专家交流、审评咨询、联合研究等全方位合作。加强与经济合作与发展组织（OECD）核能署、欧盟、WANO等国际组织交流合作，积极参加核安全国际同行评估，提高中国核安全能力。推介中国核安全监管体系，分享先进技术和经验，共享资源和平台。持续帮助发展中国家开展核安全人员培训、技术演练等活动，支持其提高监管能力，为提高全球核安全水平提供更多公共产品。

第十章

核能大国向核能强国的发展

经过 30 多年的发展，中国在运核电机组进入世界前列，在建核电机组位列世界第一。在新时代“安全高效发展核电”方针引领下，中国核电的安全标准达到国际最严要求，核电准入门槛提高，从国外引进技术建设的第三代核电机组投运，“华龙一号”“国和一号”自主品牌第三代核电示范工程建成投运或在建设之中。中国正由核能大国向核能强国转变。

第一节 新时代中国核电发展的方针

2014 年 6 月 7 日，国务院《能源发展战略行动计划（2014—2020 年）》提出“自主发展核电”，到“十三五”末期在运核电机组装机容量达到 5800 万千瓦、在建核电机组装机容量达 3000 万千瓦。2015 年 4 月 15 日，国务院常务会议批准在沿海地区开工建设“华龙一号”示范机组。随后，福建福清核电站 5、6 号机组等获批，当年共有 8 台机组相继获批。2015 年 6 月 15 日，李克强总理考察中国核电工程有限公司时说：“你们为我撑腰，我去国际舞台为你们扬名。要用最高标准、最优质量、最好性价比，提升中国核电装备在国际市场的竞争力。”2015 年，新投产 8 台核电机组，其中 6 台投入商运，是投产机组最多的一年。

2020 年 9 月 2 日，国务院总理李克强主持召开国务院常务会议，会议核准已列入国家规划、具备建设条件、采用“华龙一号”第三代核电技术的海南昌江核电二期工程和民营资本首次参股投资的浙江三澳核电一期工程。

2021 年 3 月，第十三届全国人大第四次会议通过的《十四五规划和 2035 年远景目标纲要》提出，“要安全稳妥推动沿海核电建设”，在“十四五”期间，建设“华龙一号”“国和一号”、高温气冷堆示范工程，积极有序推动沿海第三代核电建设。推动模块式小型堆、60 万千瓦级商用高温气冷堆、海上浮动式核动力平台等先进堆型示范；开展山东海阳等核能综合利用示范。《政府工作报告》提出，“在确保安全的前提下积极有序发展核电”。

第二节 第三代核电技术的持续研发与示范工程建设

一、引进第三代核电站的建成投运

作为非能动核电技术“全球首堆”的三门、海阳依托项目 4 台机组，到 2019 年 1 月，全部建成投运，标志着中国完整掌握第三代非能动核电工程建设技术。

2019 年 9 月，广东台山一期核电工程全面建成投运，标志着中国完全掌握单堆功率最大（175 万千瓦）的第三代核电站建造技术。其中，1 号机组成为采用 EPR 技术建成的全球首堆工程。

二、“国和一号”的成功研发与示范工程的开工建设

“国和一号”是中国第三代核电自主化的又一项标志性成果。上

海核工院作为第三代非能动核电“引进消化吸收再创新”的技术主体，从重大专项确立，直到“国和一号”正式发布，十余年的时间里，结合依托项目、技术引进、设备国产化和重大专项研发，填补中国核电产业的多项技术和工艺空白，并建成具有国际先进水平的第三代核电自主创新体系和产业链体系。

“国和一号”基于多层防御体系并系统应用非能动和简化理念，经过完整的试验验证，包括新建22个台架，完成17项试验共887个工况，完成堆芯熔融、安全壳冷却等6大试验课题，建成一批具有世界先进水平的综合配套试验设施。依托国家重大科技专项，带动设备国产化工作。系统推进设备国产化和自主化工作，组织国内装备制造企业对第三代核电关键设备进行长时间攻关，全面提升核电装备制造企业的水平。“国和一号”成功打破多项技术垄断，主泵、爆破阀、压力容器、蒸汽发生器、堆内构件、控制棒驱动机构、大锻件、核级焊材、690U形管等关键设备、关键材料全部实现自主化设计和国产化制造，设备整体国产化率达到90%以上。全面构建新时期核电自主设计体系、试验验证体系、装备供应链体系、标准体系、安全审评体系、仪控体系、模块化建造体系和人才体系等“八大体系”。2016年，“国和一号”通过中国专利保护协会专家评审，认为“具有完全自主知识产权和出口权”，为中国第三代先进核电的规模化、批量化发展与“走出去”提供了有力保障。截至2020年8月，压水堆重大专项累计形成知识产权成果6513项，获得国家授权专利1052项，形成新产品、新材料、新工艺、新装置、新软件392项。

2020年9月28日，国家电投宣布，中国具有完全自主知识产权的第三代核电技术“国和一号”完成研发。首堆示范工程在山东荣成石岛湾开工建设。2021年4月，“国和一号+”核电智慧能源项目在山东荣成开工建设。

三、“华龙一号”全球首堆的建成投运和国内在建规模的扩大

“华龙一号”是中国具有完整自主知识产权的第三代核电品牌，首批建设的示范工程为福清 5、6 号机组和防城港核电站 3、4 号机组。“华龙一号”首堆福清核电 5 号机组于 2015 年 5 月 7 日开工建设，6 号机组于 2015 年 12 月 22 日开工建设；防城港核电站 3、4 号机组分别于 2015 年 12 月 24 日和 2016 年 12 月 23 日开工建设。之后，“华龙一号”在建机组不断增加。2019 年 10 月 16 日漳州核电 1 号机组开工建设，2 号机组于 2020 年 9 月 4 日开工建设；2019 年 12 月 26 日惠州核电 1 号机组开工建设，2020 年 10 月 15 日 2 号机组开工建设；2020 年 12 月 31 日浙江三澳核电 1 号机组正式开工；2021 年 3 月 31 日海南昌江核电二期工程项目正式开工。

“华龙一号”示范工程福清核电 5、6 号机组建设现场

2020 年 11 月 27 日，中国自主第三代核电“华龙一号”全球首堆——福清核电 5 号机组首次并网成功。2021 年 1 月 30 日，5 号机组投入商业运行，标志着中国成为继美国、法国、俄罗斯等国家之后，真正掌握自主第三代核电技术的国家。

福清核电 5 号机组穹顶吊装

第三节 “华龙一号”的科技创新

“华龙一号”是中国基于 30 余年核电研发、设计、建设和运行经验，自主研发并成功建设的第三代压水堆核电技术，在设计、设备、燃料、软件、建造、运行维护等领域均具有完整的自主知识产权，形成了以 177 堆芯、能动加非能动安全设计特征等 10 项技术为代表的大量科技创新。

一、177 堆芯设计

不同于以往核电技术采用的 157 堆芯，“华龙一号”独创性地采用 177 堆芯设计，既提高了堆芯额定功率和发电功率，又降低了燃料的线功率密度，提高了安全性。

二、能动加非能动的安全设计特征

“华龙一号”独创性地采用能动加非能动安全设计理念，既保留了能动系统成熟、高效的特点，又充分利用非能动系统基于自然循环、重力以及无需电源的固有特性，提高了安全措施的先进性与可靠性。能动加非能动的安全设计，在保证堆芯冷却、保证压力容器完整性和安全壳完整性上，均提供了多样化的安全手段，强化了核电厂的纵深防御，显著提升了核电厂安全性。

三、创新的核岛与安全壳设计

“华龙一号”核岛设计全面提升抗震能力，采用单堆布置设计，有利于减少机组间相互影响，提高核电选址灵活性。反应堆厂房采用双层安全壳设计，为放射性物质的包容提供了额外的屏障，强化了反应堆对于外部灾害的抵御能力。核岛关键厂房外墙采用抗大飞机撞击设计。

四、核心设备自主化

中核集团充分贯彻“小核心、大协作”的合作模式，通过设计单位与国内制造企业的联合研发，突破了411台核心设备的国产化，反应堆压力容器、蒸汽发生器等核心设备均实现中国造，首堆设备国产化率达88%，确保了华龙出口自主可控，同时也带动了高端装备制造业和产业集群的转型升级。

五、自主研发的CF3燃料组件

通过“华龙一号”成功研发CF3燃料组件技术，真正实现了核反应堆的中国芯。燃料包壳采用具有自主知识产权的N36先进锆合金，具有优良的热工水力性能和机械性能。CF3燃料组件完全满足18个月甚至更长换料周期的高燃耗要求，满足 0.3 *g*（*g* 为重力加速度）抗震要求，也可以兼容国内第二代改进型核电机组的堆芯结构。

六、创新的工程总承包项目管理体系

在工程总承包管理模式上，创新性地构建以项目管理平台为核心，以设计、采购、施工、调试四个板块平台为支撑的四面一柱核电项目管理体系，支持各板块业务运作与跨板块协同，支持设计、设备、建安供应商之间的数据交换与协作，有效提升了管理效率，确保了工程进展，创造了第三代核电首堆工程建设 68.7 个月的全球最佳业绩。

七、数字华龙

在“华龙一号”首堆建设过程中，聚焦数字核电建设，以结构化工程数据为支撑、高精度三维模型为载体，全力打造了“华龙一号”数字核电站，建立了数字核电站交付的首个企业标准，实现了异地协同设计，系统性地提高了设计和建设效率。数字华龙与实体华龙同步交付，可用于核电站运行模拟服务和关键系统的仿真验证，实现核电站全寿期的数据共享。

八、创新的施工安装技术

“华龙一号”国内外示范工程的建安过程中采用了大量创新技术，如核岛开顶法施工、钢衬里模块化施工、不锈钢先贴法等施工技术，在安装过程中进一步拓展了自动焊机技术的应用，显著提升了施工安装过程的安全性与便捷性，同时节约了项目工期，确保了工程的按期交付。

九、自主化核电软件包 NESTOR

中核集团通过启动核电软件自主化重点科技专项，成功研发并发布具有完整自主知识产权的核电设计分析软件包 NESTOR，包含七个专业领域，覆盖了工程设计、安全分析和核电站运行支持等工程关键环节，包含 131 款专业软件，已获得 112 项软件著作权。NESTOR 的成功研发，解决了核电出口面临的软件知识产权障碍，是中国核电技术自主创新能力的核心体现。

十、完整自主的核电标准体系

在“华龙一号”研发设计和建设过程中，建立了一套完整的，涵盖核电站全周期的“华龙一号”型号标准体系，并优化完善了“通用为主、专用为辅”的现行压水堆核电标准体系。华龙型号标准体系共涵盖标准 2360 项，其中制修订标准 615 项，包括国际标准 3 项、国家标准 28 项、行业标准 308 项、企业标准 276 项，同时形成标准体系表、标准工具书数十套，奠定了第三代核电技术成熟应用的基础。

第四节　第四代核电示范电站建设

利用第四代核电技术建造的示范电站，主要有快堆核电站和高温气冷堆核电站。

2012 年，中国拥有自主知识产权的世界首座高温气冷堆示范电站——石岛湾核电站正式开工。2020 年 10 月、11 月，两台反应堆冷态功能试验先后成功。2021 年 9 月 12 日，电站首次实现临界。

2014 年 10 月 14 日，快堆示范电站总体规划方案获得国家批准。2017 年 12 月 29 日，示范电站土建开工。2020 年 12 月 27 日，示范电站 2 号机组开工建设。

2016 年 3 月石岛湾核电站反应堆压力容器吊装就位

第五节　核电产业能力的新提升

2015 年 1 月—2020 年 12 月，中国新开工建设 18 台核电机组，其中第二代改进型核电机组 4 台，“华龙一号”和“国和一号”自主第三代核电机组 11 台，高温气冷堆和快堆第四代核电技术示范工程机组 3 台。截至 2020 年底，中国大陆运行核电机组共 49 台，全年累计发电量为 3662.43 亿千瓦时，核电装机占比约 2.3%，发电量占比约 4.9%。自 1994 年首台核电机组投入商运以来，核能发电量已累计达到 2.6 万亿千瓦时以上，等效减排二氧化碳约 21 亿吨。

经过 30 多年发展，中国核电实现自主设计、建造和运营，进入安全高效发展新阶段。在全球率先建设运行百万千瓦级非能动先进压水堆（AP1000）和欧洲先进压水堆（EPR）机组。自主研发“华龙一号”核电机组，设计安全水平居世界前列，示范工程建设高质量推进，成为核电走出去的“中国名片”。为进一步提升核设施安全水平，汲取日本福岛核事故教训，中国政府制定并实施核设施短期、中期、长期安全改进计划，增强核设施抵御外部事件、预防和缓解严重事故能力。

通过自主研发和国产化攻关，中国全面掌握了反应堆压力容器、蒸汽发生器、保护控制系统和核级焊材、核级密封件等关键设备、材料制造技术，部分领域填补了国内空白，具备了每年8～10台/套核电主设备制造能力，自主第三代核电综合国产化率已达88%以上。核电工程建设管理水平和总承包能力持续提升，工程建造技术水平保持国际先进行列，成功地实现了多项目、多基地同步建设，全面掌握了第三代压水堆、高温气冷堆、快堆等多种先进堆型建造技术，具备了同时建造30台以上核电机组的工程施工能力。

核仪控技术跃上新台阶。2018年5月23日，中广核下属广利核公司自主研发的“和睦系统”——国内首台具有自主知识产权的国产化核级数字化仪控系统（DCS），用于阳江核电5号机组，实现了核电站“神经中枢”的中国造，成为继美、法、日之后，第四个掌握该技术的国家。2019年12月，中核武汉核电运行技术股份有限公司中标国际原子能机构先进水冷堆严重事故原理模拟机项目，这是中国核电仿真产品走向世界舞台的重要一步，标志着中国核电仿真水平得到世界认可，在世界舞台上有了一席之地，具有里程碑意义。2019年12月23日，继中核集团自主研发NicSys®2000非安全级DCS顺利通过第三方测评、具备工程应用条件后，国际著名认证机构TÜV南德意志集团在中国核动力研究设计院为中核集团自主研发核电厂安全级DCS平台——龙鳞系统颁发功能安全最高等级证书。该国际认证的获得，使得中核集团安全级DCS成为业内唯一通过国家核安全局、国防科工局以及 TÜV 三家监管、审评和认证的平台。从此，中核集团形成 NicSys®2000 与龙鳞系统相结合的全厂 DCS 供货方案及全厂 DCS 研发生产总包能力。

核电机组性能指标总体处于良好水平，运用智能化、信息化技术手段建立的智慧核电发挥着越来越大的作用。截至 2020 年底，已安全稳定运行累计 400 余堆·年，未发生过国际核与放射事件分级表（INES）2 级及以上事件或事故，且 0 级偏差和 1 级异常事件发生率呈下降趋势。在近年世界核电运营者协会（WANO）同类机组综合排名中，80%以上指标优于世界中值水平，70%以上指标达到世界先进值。2018 年，12 台运行机组 WANO 综合指数满分，世界领先。2020 年 3 月，WANO 在其官方网站公布了 2019 年世界核电 WANO 综合指数排名，全世界共有 403 台核电机组参与评价。其中，中国大陆地区共 23 台机组获得满分 100 分。与世界其他 63 台核电机组并列世界第一，整体 WANO 综合评分力拔头筹。

第六节　小堆与新型反应堆的研发

在小堆研发方面，中核集团、国家电投、中广核都有突破。中核集团已掌握自主第三代先进小堆技术。2016 年 4 月 22 日，中核集团自主品牌“玲龙一号”技术（ACP100）通过国际原子能机构通用反应堆安全审查，成为全球首个通过国际原子能机构的小堆型号。2018 年 3 月，采用“玲龙一号”技术（ACP100）的海南昌江小堆示范工程初步设计审查工作完成，标志中核集团已掌握具有完全自主知识产权、符合第三代核电特征的国际先进小型堆技术，为模块式小型堆的工程应用奠定了基础。2021 年 7 月 13 日，全球第一个陆上商用模块化小堆“玲龙一号”在海南昌江开工建设。

2016 年 1 月，中广核申报的 ACPR50S 海洋核动力平台纳入能源科技创新“十三五”规划，标志其海上小型核反应堆（简称小型堆）研发取得突破性进展。由国家电投所属国家核电公司（上海核工院）自主研发的200兆瓦（热功率）一体化供热堆，可满足民用和工业供热的需求，同时还可以与生物质能及风电等耦合，给北方城市带来清洁热力。200兆瓦（热功率）一体化供热堆两台机组最大供暖能力为供热面积800万平方米或供汽500吨/小时。

除了实验快堆（钠冷快堆）外，中国还开发研究铅铋快堆。2016年12月23日，“启明星”Ⅱ号铅基双堆芯零功率装置在原子能院成功实现临界。2019年10月9日上午11时5分，中国首座铅铋合金零功率反应堆——“启明星”Ⅲ号，在原子能院实现首次临界，并正式启动铅铋堆芯核特性物理实验，标志着铅铋快堆研发从物理基础研究阶段进入工程应用化阶段。同时也意味着中国在铅铋快堆研发领域已跻身国际前列。“启明星”系列零功率堆，是中核集团为开发先进反应堆工程技术而自主设计和建造的国内唯一重要反应堆物理实验平台。

2017年4月，甘肃省武威市与中科院签订了在武威市民勤县红砂岗建设钍基熔盐堆核能系统（TMSR）项目的战略合作框架协议，该项目分两期建设，总投资220亿元。2017年11月，中国科学院与甘肃省人民政府签署了项目战略合作框架协议。2018年12月29日，中国科学院先进核能创新研究院介绍，中国已在实验室规模全面掌握这一全新领域的核心技术，相关产业链雏形基本形成。

2017年11月28日，中核集团正式发布“燕龙”型号供热堆。该堆型是中核集团响应国家节能减排政策要求和打响蓝天保卫战的号召，针对北方城市清洁供暖需求开发的一种安全经济、绿色环保的堆型产品，具有“零”堆熔、“零”排放、易退役、投资少等显著特点，更适于靠近城市居民区建设。1座400兆瓦的“燕龙”型号供热堆在承担基荷运行时可满足1500万平方米的供暖需求。2021年6月9日，中核辽源“燕龙”多用途清洁供暖示范工程进入快车道。

第七节 核聚变研究开发的中国力量

经核聚变能源科研人员数十年奋斗，受控核聚变研究已经在聚变科学实验和工程技术方面奠定和夯实相当基础。中国两大托卡马克装置（HL-2A、EAST）取得长足进步，局部科研实验达到世界先进水平。中国在聚变工程及科学方面的研究，已经由过去跟跑、并跑到某些领域领跑。

“中国环流器”二号 M 装置建设现场

东方超环（EAST）继 2017 年创造 101.2 秒高约束模等离子体运行世界纪录后，2018 年度物理实验面向未来聚变堆先进稳态运行模式的发展和长脉冲运行下的关键科学技术问题，重点开展高功率加热下堆芯物理机制研究系列实验。通过优化稳态射频波等多种加热技术在高参数条件下的耦合与电流驱动、等离子体先进控制等，结合理论与数值模拟，实现加热功率超过 10 兆瓦，等离子体储能增加到 300 千焦；在电子回旋与低杂波协同加热下，等离子体中心电子温度达到 1 亿摄氏度。2021 年 5 月，EAST 取得重大突破，成功实现 1.2 亿摄氏度超高温度 101 秒等离子体运行和 1.6 亿摄氏度超高温度 20 秒等离子体运行。

2020 年 12 月 4 日，“中国环流器”二号 M（HL-2M）建成，并实现首次等离子体放电。HL-2M 装置采用了更先进的结构与控制方式，等离子体体积为国内现有装置的 2 倍以上，等离子体电流能力从国内现有装置的 1 兆安提高到 2.5 兆安以上，是中国目前规模最大、物理参数最高的托卡马克，将为中国未来深度参与 ITER 物理实验和自主设计建造聚变堆提供重要的技术支撑。该装置后期将逐步发展高效加热和电流驱动系统，等离子体离子温度有望超过 1.5 亿摄氏度，实现堆芯级高参数等离子体运行。

中国积极参与 ITER 计划。在第一壁连接技术研究中，核西物院制作的增强热负荷型 ITER 第一壁半原型部件，在国际上率先通过高热负荷试验认证，得到 ITER 组织高度评价。由核西物院承担的 ITER 磁体支撑研发制造任务，取得多项关键技术重大突破，最终获得 ITER 组织认可。在产氚包层技术研究中，提出中国“氦冷固态增殖剂实验包层模块”（HCCB－TBM），并在 ITER 计划参与方中首先通过 ITER 组织的概念设计评审，成为第一个与 ITER 组织签署实验包层模块采购包协议（TBMA）的 ITER 成员方。

2019 年 9 月 30 日，全球规模仅次于国际空间站的国际大科学工程计划——ITER 的“心脏”安装阶段在京启动。在中核集团董事长余剑锋和中国国际核聚变能源计划执行中心主任罗德隆共同见证下，ITER 组织总干事比戈代表 ITER 组织与中核集团牵头的中法联合体正式签订 ITER 主机安装一号合同（TAC1）。TAC1 安装标段工程是 ITER 托卡马克装置最重要的核心设备安装工程，其重要性相当于核电站反应堆、人体心脏，主要工作为杜瓦结构的安装以及杜瓦结构和真空容器之间所有的系统安装。该项目由中国核电工程有限公司牵头，中科院等离子体物理研究所、中国核工业二三建设有限公司、核工业西南物理研究院，法国法马通公司参与组成中法联合体，以工程总承包形式中标在法国建设ITER的TAC1安装标段。2020年7月28日，ITER计划重大工程安装启动仪式在法国该组织总部举行。国家主席习近平致贺信指出，中国企业和科研人员勇挑重担，与国际同行齐心协力，为计划的顺利推进贡献了中国智慧和中国力量。

2020年5月28日，ITER杜瓦底座吊装就位

第十一章

核燃料产业链的创新发展

经过多年的产业发展、技术提升和深化改革，核燃料产业链更趋完善。主要表现在，铀矿地质与采冶发展呈现新格局，构建了具有国际先进水平的核燃料生产体系，核燃料循环后段得到快速发展。

第一节　铀矿地质与采冶的新格局

铀矿地质与采冶企业坚持绿色发展理念，持续科技创新、体制机制创新、商业模式创新，努力实现铸就核工业粮仓目标，切实担负保障国家铀资源安全重任。

一、突出铀矿找矿与开拓海外项目

围绕大基地建设目标，进一步突出铀矿找矿，切实推进重点矿田大基地勘查，加强重点铀成矿区带区域评价，积极开辟后备勘查基地，开展老矿山接替资源勘查和矿床补充勘查，取得一批成果。新疆伊犁盆地南缘、吐哈盆地、内蒙古鄂尔多斯盆地、巴音戈壁盆地塔木素地区、松辽盆地宝龙山（白兴吐）地区砂岩型铀矿找矿成果持续扩大。

核工业狠抓“十三五”规划落地，切实提升管控能力，实施南方硬岩矿山结构调整，优化国内铀矿勘查部署，推进千吨级大基地建设，推进海外铀资源开发，大力开拓市场，推动重大科技攻关，推进战略合作，加强重大铀资源掌控，资源掌控取得明显成果。铀矿地质勘查取得突出成果，内蒙古大营地区发现国内最大规模可地浸砂岩型铀矿床，跻身世界级大矿行列。中国北方已查明 10 个万吨级大铀矿。创新大基地管理模式，优化产业布局，按照探采一体、优化布局、强化协同思路，启动区域化整合协同，着力彻底改变计划经济体制下形成的布局结构，加快产能布局重心向北方砂岩地区转移，建设内蒙古、新疆等大基地，形成铀资源勘查开发新机制新模式，真正实现探采一体、地矿一体。

国内最大规模的可地浸砂岩型铀矿床——大营铀矿床勘探现场

中国在新疆已经建成首个千吨级现代化铀矿山。天山铀业入选首批国家级绿色矿山单位。与常规开采铀矿山相比，天山铀业矿山人均劳动生产率提升 7 倍，标志着国内天然铀矿山规模化、自动化和人均劳动生产率等指标全面达到国际先进水平。通辽、纳岭沟等铀矿床具备建设千吨级矿山技术条件，正在稳步推进建设。

2019 年 12 月 15 日，中国铀资源探测领域设计施工的最深孔——中国铀矿 3000 米科学深钻开钻仪式在江西省抚州市乐安县相山铀矿田顺利举行。中国铀矿 3000 米科学深钻的实施对获取深部地质结构

天山铀业千吨级铀矿大基地建设现场

和铀多金属成矿信息，全面提升核地质深部探测技术和钻探工艺技术水平具有重要科学意义。

核工业北京地质研究院凭借突出的科研优势，2021 年 7 月 12 日获得“嫦娥五号”任务第一批月球科研样品 50 毫克月壤，将聚焦裂变聚变核能元素铀钍和氦氢开展研究。

2013 年 4 月 18 日，中广核收购的纳米比亚湖山铀矿项目正式开工，该项目是目前中国在非洲除银行业外最大投资项目。铀资源储量居世界第三，对保障中国核电站天然铀稳定供应具有重要战略意义。2016 年 12 月 31 日，中广核在纳米比亚的湖山铀矿水冶厂成功产出八氧化三铀，生产流程全线打通，正式进入生产阶段。2017 年，湖山铀矿正式投产，全年天然铀产量达 1000 余吨八氧化三铀，首批铀产品

纳米比亚罗辛铀矿全景

运回国内，打通生产、运输、销售全流程。2017 年，经国务院批准，中广核试点开采新疆萨瓦甫齐铀矿。这是中广核在国内投资的第一个天然铀资源基地。

2019 年 7 月 25 日，中核集团与力拓集团在纳米比亚举行罗辛铀矿交接仪式。中核集团正式控股世界第四大产能铀矿——纳米比亚罗辛铀矿山，拥有其 68.62%股权，成为该矿新的控股股东。

二、第三代铀矿冶技术的应用

第三代铀矿冶技术已经实现系统化、工程化应用。中国成为继美国之后第二个掌握 CO_2+O_2 地浸技术的国家，突破大埋深、多层矿、低品位砂岩的高效浸出技术，以及相关设备设施研制，实现天然铀产业发展中一次技术革命，开辟绿色低碳、经济高效发展新路子。蒙其古尔、钱家店等成为新技术应用典范。“CO_2+O_2 原地浸出采铀工艺技术研究和工程应用”获得国家科技进步奖二等奖。

三、天然铀产能新布局的形成

“国内开采、海外开发、国际贸易、战略储备”四位一体天然铀供应保障体系逐步完善。国内铀矿勘查与采冶能力不断提升。截至 2017 年底，中国已经落实 6 个万吨至 10 万吨铀矿资源基地，已探明 32 个大型及以上规模铀矿床，资源量约占全国已查明铀矿资源量近 60%。蒙其古尔绿色铀矿山基地全面建成。通过调整改革，硬岩产量比例由 64%下降至 20%，砂岩产量比例由 36%上升到 80%，形成以北方砂岩大基地为主体，南方硬岩大基地为补充的天然铀产能布局。

四、铀矿冶产业快速高效发展

围绕找大矿、找好矿、找经济可采矿，取得显著成效。在天然铀产业新布局、新机制、新项目上不断开拓。推进天然铀生产优化达标，规范工程项目建设管理、地浸钻探施工管理。完善地矿产业“走出去”模式，加强与同行合作，建立产业联盟取得明显进展，全面深化改革，着力开拓创新，实现地矿产业转型升级，发挥中国铀矿勘查国家队和主力军作用，发挥中国铀矿开发大联合主导和引领作用；发挥市场主体、发展主体、创新主体作用，打开产业快速、高效发展新局面。

位于新疆伊犁的中国第一个万吨级地浸砂岩型铀矿床

第二节　国际先进水平核燃料生产体系的构建

中国核燃料生产体系整体实现技术升级，产业链条更为完整。

一、铀纯化转化的一体化

铀纯化转化一体化，是以铀矿浓缩物为原料，经溶解纯化、脱硝、还原、氢氟化、氟化、冷凝液化等工序，生产出符合天然六氟化铀条件的六氟化铀产品。

中核四〇四铀纯化转化一体化生产线，技术上采用脱硝技术，使工艺流程缩短，降低了试剂的消耗；通过研制使用产能大、结构简单、制造容易、操作方便的关键设备，降低了建设投资，提高了劳动生产率；贯彻循环经济、清洁生产的理念，改进优化现有尾气处理工艺，从源头减少放射性三废的产生，降低物料的消耗，实现物料的循环利用和放射性废物的最小化；采用气力输送或管链式机械输送固体物料。该工程项目于2016年4月打通氢氟化工艺流程，转化生产线实现双线连续稳定运行，9月实现纯化全流程的贯通。二七二铀纯化转化一体化生产线，采用成熟可靠的干法转化生产技术，装备自主开发的关键设备——两级串联逆流流化床、立式氟化反应器、新型冷凝器和10千安碳钢中温制氟电解槽等。2017年10月实现铀转化生产线双线达产。两条生产线均采用DCS计算机控制和工业视频监控系统，提高了自动化水平，减轻了劳动强度，改善了操作环境。

2015年，中核四〇四铀纯化转化生产线首件产品下线成功

铀纯化和转化一体化的实现，缩小了与国际先进铀纯化转化技术差距，为产业规模化发展和实现“走出去”的战略奠定了坚实的基础。项目的顺利投产，实现了铀纯化转化一体化工厂的“一南一北”的空间分布，减少了中间运输环节，降低了产品成本，进一步保障了中国天然六氟化铀的供给。

二、铀浓缩产业的跨越式发展

2018 年 11 月 19 日，由中核集团自主研发，具有完全自主知识产权的中国新一代铀浓缩离心机大型商用示范工程在中核陕西铀浓缩有限公司顺利通过国家竣工验收。中国铀浓缩离心机实现了升级换代，具备大规模商用条件，铀浓缩整体技术水平、经济性进一步提升，达到国际先进水平。这一重大成果，对促进中国铀浓缩产业从“并跑”进入“局部领跑”的跨越式发展具有重大意义，对保障国家能源安全，提升中国核电国际竞争力，加快核工业强国建设发挥重要作用。

新一代铀浓缩离心机大型商用示范工程全面建成

三、核燃料加工能力和技术的提升

核燃料加工能力不断提升，关键环节实现技术重大突破。经过“十二五”期间发展，铀纯化转化、铀浓缩产能与压水堆组件生产能力均大幅提升。2017年，中国第二条铀转化生产线全线建成，中国成为具备万吨级铀转化能力的国家。新一代铀浓缩专用设备实现工业化运行。国内核电站基本实现核燃料本土化供应，自主品牌核燃料组件加快发展，核级锆材完成国产化。AP1000核燃料元件生产线全面建成，实现国产化；三门核电首炉换料燃料组件生产任务圆满完成，于2019年9月运往三门核电站。自主研发的CAP1400燃料定型组件顺利下线。CF3核燃料组件研制顺利推进，完成全部堆外试验。核燃料关键材料N36锆合金具备批量化生产和应用条件，首批产品于2018年底用于CF3核燃料元件制造。最新型的CF3A先导组件研制成功。全球首条高温气冷堆燃料元件生产线实现规模化工业生产，首批7.8万个球形核燃料元件于2021年1月9日发往山东荣成石岛湾高温气冷堆核电站。

AP1000核燃料组件

2019 年 5 月，“华龙一号”核燃料元件——中核集团自主研发的 CF3 核燃料元件成功完成批量化制造，通过出厂验收。耐事故燃料（ATF）从概念、材料研究开始转向工程示范研究，中核研制的 ATF 燃料碳化硅包壳管实现入堆辐照，中广核的 ATF 候选材料正式进入研究堆进行中子辐照测试。

中核北方研制的 CF3 燃料元件局部

2016 年 12 月 6 日，中国与哈萨克斯坦合资经营的核燃料组件厂开工建设，开创中外合作建设核燃料组件厂先河。

第三节　核燃料循环后段的快速发展

核燃料闭式循环战略执行良好，包括铀矿勘察、铀矿采冶、铀纯化转化、铀浓缩、核燃料元件加工、乏燃料后处理和放射性废物处理处置等核燃料循环体系更加完整，尤其是后段得到进一步强化。

核燃料循环流程图

2015 年以来，各核电站加强废物最小化管理，通过源头控制、合理分类收集和改进处理工艺等措施，取得良好效果。低、中放废液处理能力全面形成，处置场初步建成一定规模。通过国际合作，基本建成煅烧—熔融两步法玻璃固化装置，正在开发冷坩埚玻璃固化技术。

2017 年，中核集团成功研发具有自主知识产权的大型商用乏燃料运输容器原型样机（龙舟-CNSC）。2021 年 6 月 30 日，百吨级乏燃料运输容器下线，并具备批量化生产能力，运输容器长期依赖国外制造的情况得到改善。

在掌握乏燃料后处理主要工艺和技术后，乏燃料后处理中试厂于

2010 年完成热调试；自主建设乏燃料后处理示范工程项目已开工建设，乏燃料贮存水池已率先完成建设，部分设施也完成建设。

2018 年，确定首座高放废物处置地下实验室场址。2019 年，经国务院批准，国防科工局批复《中国高水平放射性废物地质处置地下实验室建设工程》项目建议书，高放废物地质处置进入地下实验室研发阶段。2020 年，国防科工局批复《中国高水平放射性废物地质处置地下实验室建设工程》项目可行性研究报告。2020 年，国防科工局批复“地下实验室场址深部地质环境研究”等 9 个地下实验室建设过程中科研项目立项。

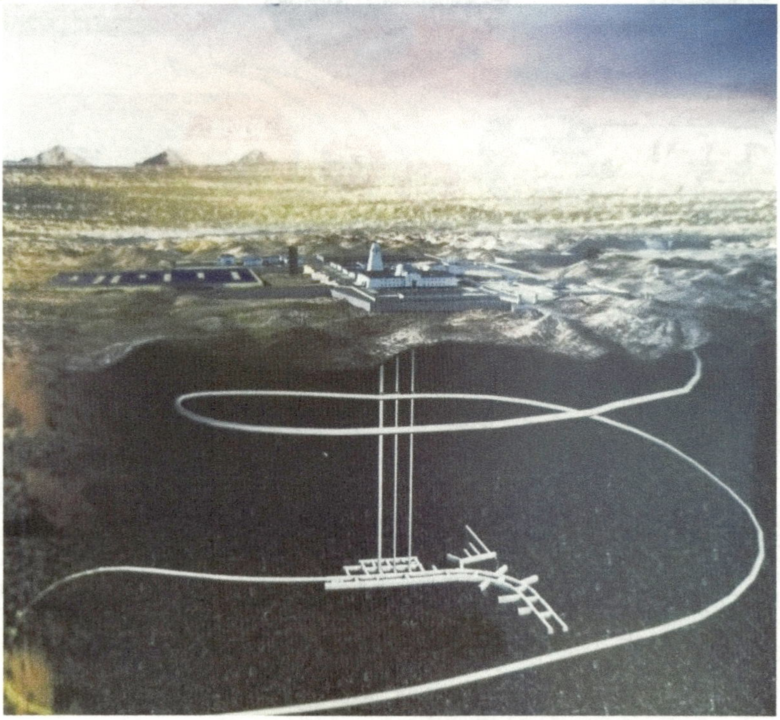

甘肃北山地下实验室三维示意图

2021 年 6 月 17 日，中国北山高放废物地质处置地下实验室开工建设，为填补高放废物处置技术地下现场研发平台及设备空白，攻克高放废物地质处置这一世界性难题提供试验平台和基础。

2021 年 9 月 11 日，中国首座高水平放射性废液玻璃固化设施正式投运。这是中国核工业产业链后段标志性工程，其投入运行标志着中国已经实现高放废液处理能力零的突破，成为世界上少数几个具备高放废液玻璃固化技术的国家，对中国核工业安全绿色发展具有里程碑意义。

第十二章

核技术应用产业的全面跃升

核技术应用是资本和技术密集型产业，骨干企业正积极借助资本市场，加快行业整合和自身发展。国内从事核技术应用产业的企业主要有中国同辐股份有限公司、中广核核技术发展股份公司、中金辐照股份有限公司等。

第一节　骨干企业进入资本市场

2017 年 2 月上市的中广核核技术发展股份公司是国内最大工业电子加速器研发制造企业、国内最大电子加速器辐照加工服务提供商和国内最大高端线缆材料制造商。

2018 年 7 月上市的中国同辐以同位素制品、辐照加工等为主业，拥有辐照技术工程的 EPC 资质，竞争优势显著，致力于建设成为国际同位素及辐照技术行业有影响力知名企业。

中金辐照股份有限公司（简称中金辐照）是中国黄金集团控股子公司，于 2021 年 4 月 9 日在深圳证券交易所上市。中金辐照主要从事辐照加工及技术服务。

第二节 新技术、新产品、新模式的应用

农业应用成效显著。2019 年，在农作物突变种质资源创制、新品种培育与应用方面取得举世瞩目的领先成果。选育出系列弱筋优质高产小麦新品种；创制出恢复力强、配合力高、抗病性好的水稻新种质，培育出高产抗病亚种间杂水稻新品种和镉低积累两系杂交水稻新品种等。此外，还对君子兰、芍药、兰花等花卉开展新品种选育，筛选出君子兰新品系和芍药变异单株，筛选出兰花新种质。利用核素示踪技术，对名优特农产品原产地溯源发挥了重要作用。

医学应用发展加快。以 PET/CT 为代表的核医学显像设备数量增加，分布区域扩大。100 多台回旋加速器的运行，满足了氟-18 标记药物品种的生产需求。中国每年新增肿瘤患者 400 余万，约 10%至 20%的肿瘤患者适合质子、重离子治疗，约需要 100～200 个质子、重离子中心。截至 2020 年 12 月，已经运行的质子、重离子治疗项目有 4 个，在建项目 27 个。2019 年 9 月 10 日，国产首批医用钴-60 原料组件在秦山核电正式启运，送往中国同辐中核高通放射源生产线启动试制工作。医用钴-60 放射源将装备“中国芯”，为伽马刀医疗产业持续健康发展奠定基础。2020 年 4 月，锶-89 核素在核动力院实现国产化。

加速器在工业领域大显身手。数百台电子加速器在运行，主要用于辐射灭菌和热缩材料、薄膜、半导体材料的辐照改性。同时开发了电子束处理工业废水、轮胎预硫化、消杀灭菌、辐射固化等应用新领域。2019 年由中国工程物理研究院和原子能院联合研制的新型中子发生器，将用于中子照相、中子单粒子效应、中子辐照等应用研究。同方威视系统不仅多次承担国内外重大会议和重大赛事的安保任务，其研制的全球首套三轨整编列车集装箱检查系统，还成功出口波兰。同方威视已经实现加速器从实验室向市场、从专家研发向专业研发、从

低能卧式自屏蔽加速器

单一安检领域向多个应用领域的转变。其研制的大型集装箱货物车辆检查系统、高能工业CT及小型安全检测设备，成为具有国际竞争力的产品。2020年9月，原子能院自主创新、自行设计的230兆电子伏超导回旋质子加速器质子束能量首次达到231兆电子伏，该加速器的建成使用打破了国外垄断，逐步实现恶性肿瘤治疗的回旋加速器设备国产化。

核技术分析手段和技术更加先进。2015年，原子能院加速器质谱仪（AMS）课题组建成中国第一个自主研发专用于碳-14测量的AMS装置，成功实现碳-14高灵敏测定，并利用此系统开展大气颗粒物PM2.5源解析及考古等方面应用工作。2018年12月，原子能院自主研制300千伏小型化重核素AMS装置，成功实现了对碘-129的高效高灵敏测量。形成轻重兼备的测量长寿命放射性核素灵敏度最高的分析技术。

核技术还为探月工程、北斗工程作出了重要贡献。2018年12月，铯-137同位素放射源组件，助力“嫦娥四号”探测器月球软着陆圆满成功。2020年6月，“北斗三号”全球组网完成。原子能院提供了其搭载的铷原子钟的核心材料铷同位素，为北斗导航的精确度提供了有力支撑。

第三节 核技术在新冠疫情防控中的技术优势和作用

2020 年初，一场历史罕见的大规模新冠肺炎疫情，在湖北武汉暴发并波及全国，面对迅猛发展的疫情，中共中央、国务院高度重视，习近平总书记亲自指挥、亲自部署，对抗击疫情作出重要指示，指出“疫情防控不只是医药卫生问题，而是全方位工作，各项工作都要为打赢疫情防控阻击战提供支持”。核技术在辐照灭菌中发挥了突出作用。

一、辐照灭菌技术“临危受命”

利用辐照灭菌技术替代传统环氧乙烷灭菌方法，使医用防护服等灭菌时间，由原来的 7～14 天缩短为 1 天左右，大大提高了医疗防护用品的供应保障效率，使辐照灭菌技术在这次疫情防控中“临危受命”。

用来进行灭菌辐照的大功率电子辐照加速器装置

2020 年 2 月，国防科工局统筹行业技术资源，尽最大力量提供疫情防控急需物资，为支援全国疫情防控提供有力支撑。工业和信息化部、国家药监局、国家卫健委联合印发了《关于疫情期间执行〈医用一次性防护服辐照灭菌应急规范（临时）〉的通知》。国防科工局梳理出全国 190 家具有辐照灭菌能力的企业清单，优选出 37 家具有丰富医疗用品灭菌经验单位，形成《医用一次性防护服辐照灭菌单位参考名录》。与此同时，会同有关部门积极动员列入参考名录的辐照企业与国内 55 家医用防护服（国标）生产企业进行有效衔接，确保“生产—灭菌”高效运转。

二、辐照企业业绩突出

2020 年 2 月，北京原子高科金辉辐射技术应用有限公司（简称金辉辐射）为抗疫物资全力以赴提供优质、免费的辐照服务，率先完成一次性医用防护服的辐照灭菌，首批上万件消毒后的防护服运往武汉。在打赢疫情防控阻击战的进程中，中国同辐旗下众多辐照企业积极行动，为医疗防护用具提供免费辐照灭菌服务。中广核技组织旗下各辐照灭菌中心开辟了针对医用口罩、医用防护服、医用面罩等防护用具的灭菌绿色通道，免费提供各类医疗防护用具的电子束消毒灭菌服务，确保发货时效。中金辐照夜以继日为疫情防控紧缺物资研究制定钴-60 辐照灭菌工艺预案，旗下深圳、上海、天津、青岛、武汉、成都、重庆等辐照网点为疫情防控免费提供全天候不间断灭菌服务。同辐行业其他几十家辐照企业克服困难，开工生产，积极投入“辐射”抗疫中。

金辉辐射首批辐照一次性医用防护服发往武汉

据中国同位素与辐射行业协会统计，在防控疫情最紧张的 2020 年 2 月下旬，全国共有 52 家辐射加工单位，完成了 240 多万件医用一次性防护服的辐照灭菌工作，有效缓解了疫情防控所需防护服供应紧张问题。累计处理医用手套 2745 万套、一次性口罩 1774 万个、采样管 2207 万支、中成药 1294 余万吨，及其他总价值 3000 余万元的医疗物资。在疫情防控工作中，广大企业同舟共济、不计得失、优质高效地完成了任务，体现了同位素与辐射行业的担当，谱写了核技术应用服务社会和人民的新篇章。2020 年 9 月 8 日，金辉辐射荣获“全国抗击新冠肺炎疫情先进集体”称号。

“辐射”抗疫的中核华东辐照有限公司 1 号辐照装置系统

新冠肺炎疫情暴发以来，清华同方陆续研发出红外体温筛查系统、测温金属门、防疫隔离单元、系列移动消毒机、测温闸机、防疫机器人、移动式核酸检测方舱实验室等抗疫产品，成功应用于国内各行业以及全球十多个国家，用科技力量赋能“防疫＋安检”，致力于为后疫情时代常态化防控提供坚实保障。

三、辐照技术“抗疫贮备”

2020 年 10 月 30 日，中广核技联合清华大学核能与新能源技术研究院及医学院、中国科学院近代物理研究所、深圳国家感染性疾病临床医学研究中心、深圳市第三人民医院等单位，启动电子束灭活新冠病毒项目科研攻关。2020 年 12 月，项目研究团队开展了重组新冠病毒的灭活实验，取得了初步的实验结果。2021 年 1 月 10 日，项目研究团队在深圳市第三人民医院 P3 实验室，正式开展了首批电子束杀灭活体新冠病毒实验。截至 2021 年 3 月 10 日，经过 11 批次、190 个样本的验证实验，研究团队全面掌握了电子束灭活新冠病毒的方法，以及不同病毒滴度、载体介质、吸收剂量等影响下的灭活效果数据。实验结果表明，电子束可完全灭杀滤纸表面的活体新冠病毒，经过三代盲传不显阳性，充分验证了电子束对新冠病毒的灭活效果。根据实验成果，结合深圳市进口冷链食品预防性全面消毒工作的实际情况，研发出首台套用于灭活冷链食品外包装新冠病毒的自屏蔽电子帘加速器设备。设备样机已于 3 月 14 日完成工厂内的安装调试，并完成现场模拟实验，成套示范装置 3 月底具备安装调试条件。

针对医疗废水，电子加速器产生的高能电子束，能够灭杀废水废物中的致病菌和病毒，具有灭菌效率高、无需添加额外消毒剂、无化学试剂残留、不产生二次污染，并能同时降解废水中抗生素等残留物质的优势，显著提升废水处理的效率。该技术作为一项新型环保技术，近年来已成功运用于湖北十堰、浙江金华、广东江门等地区多个项目，并开辟了医疗固废、制药废水、抗生素菌渣、垃圾渗滤液治理等新应用领域，具有重要的环境、经济和社会效益。2021 年 5 月 19 日，中广核与清华大学联合承制的“医疗废水辐照应急处理科技示范装置项目”通过专家组评审。该技术为防止新冠病毒和其他潜在病原体通过医疗废水传播，提供了安全高效的整体解决方案。

第十三章

核工业精神谱系的形成与发展

核工业发展在取得一系列世界瞩目的辉煌成就的同时，孕育了“两弹一星”精神，形成了具有核工业特色的“四个一切”核工业精神，凝聚了“强核报国、创新奉献”的新时代核工业精神。

第一节　“两弹一星”精神的孕育

在核工业60多年发展历程中，全体核工业人顽强拼搏，刻苦攻关，取得一系列令世界瞩目的辉煌成就。同时，也同航天等行业共同孕育形成了“两弹一星”精神。这种精神贯穿核工业发展历程，是核工业宝贵精神财富，是核工业持续发展强大动力，也是共产党人精神谱系的重要组成内容。

1964年第一颗原子弹爆炸成功，1966年导弹核武器发射试验成功，1967年第一颗氢弹空爆试验成功。1970年，“东方红”1号人造地球卫星发射成功。中华人民共和国在物质技术基础十分薄弱的条件下，在较短的时间内成功地研制出“两弹一星”，创造了非凡的人间奇迹，是中国人民挺直腰杆站起来的重要标志。

自核工业创建之日起，各级党组织始终不渝贯彻党中央指示，带领广大职工，克服困难，排除干扰，艰苦奋斗，仅用十几年时间就建成完整核工业体系，完成“两弹一艇”研制，取得第一次创业的辉煌成就。同时，逐渐形成具有鲜明时代特征、适应时代发展要求的核工业优秀文化特质和优秀文化传统，文化积淀深厚。比较有代表性的是无限忠诚的报国情怀、无私奉献的高尚品格、艰苦奋斗的工作作风、严细求实的工作态度、科学探索的进取精神、团结协作的大局意识。这些优秀文化传统是核工业人宝贵的精神财富，是核工业不断发展的基石。

1999年9月18日，中共中央、国务院、中央军委在京举行大会，隆重表彰为研制“两弹一星”作出突出贡献的23位科技专家。于敏、王淦昌、邓稼先、朱光亚、吴自良、陈能宽、周光召、钱三强、郭永怀、彭桓武、程开甲11位核科技专家获功勋奖章。其中，为中国核武器事业发展做了许多开创性工作的郭永怀，1968年12月5日因飞机失事殉职，是“两弹一星”元勋中唯一获得“烈士”称号的科学家。

“两弹一星”精神即“热爱祖国、无私奉献，自力更生、艰苦奋斗，大力协同、勇于登攀”，其内涵是：

热爱祖国、无私奉献：“两弹一星”的研制者高举爱国主义旗帜，怀着强烈的报国之志，自觉把个人理想与祖国命运，把个人志向与民族振兴联系在一起。许多功成名就、才华横溢的科学家放弃国外优厚的条件回到祖国。许多人甘当无名英雄，隐姓埋名，默默奉献，有的甚至献出了宝贵的生命。他们用自己的热血和生命，写就了一部为祖国为人民鞠躬尽瘁、死而后已的壮丽史诗。

自力更生、艰苦奋斗：“两弹一星”的研制者，在极其艰苦的环境中，克服了各种难以想象的艰难险阻，经受住了生命极限的考验。他们运用有限的科研和试验手段，依靠科学，顽强拼搏，发愤图强，锐意创新，突破了一个个技术难关。他们所具有的惊人毅力和勇气，显示了中华民族在自力更生的基础上自立于世界民族之林的坚强决心和能力。

于 敏

王淦昌

邓稼先

朱光亚

吴自良

陈能宽

周光召

钱三强

郭永怀

程开甲

彭桓武

核工业“两弹一星”功勋奖章获得者（按姓氏笔画排序）

大力协同、勇于登攀：在研制“两弹一星”的过程中，全国有关地区、部门、科研机构、院校和广大科学技术人员、工程技术人员、后勤保障人员和解放军指战员，团结协作，群策群力，求真务实，大胆创新，突破了一系列关键技术，使中国科研能力实现了质的飞跃。他们用自己的业绩，为中华民族几千年的文明创造史书写了新的光彩夺目的篇章。

第二节 “四个一切”核工业精神的形成

在创业征程中，核工业人在培育伟大的“两弹一星”精神同时，也形成了具有核工业特色的“四个一切”核工业精神，即“事业高于一切，责任重于一切，严细融入一切，进取成就一切”。核工业精神形成于第一次创业时期，发展于第二次创业时期，是“两弹一星”精神在核工业的丰富和发展。

“四个一切”核工业精神的主要内涵是：事业高于一切，就是一切为了祖国，为了核科技事业，体现核工业人共同拥有和信守的国家利益高于一切的价值理念；责任重于一切，就是对国家、对人民强烈的责任感；严细融入一切，就是管理要严、工作要细，真正做到“严、慎、细、实”；进取成就一切，就是开拓创新、勇于攀登、不断突破、奋发向上、抢抓机遇、加快发展。

“四个一切”核工业精神既体现以爱国主义为核心、以自强不息为基本特征的民族精神，又反映爱国敬业的社会主义核心价值观；既与传统文化中以天下为己任的理念一脉相承，又与改革创新的时代精神相符，因而产生强大生命力。

第三节　新时代核工业精神的凝聚

进入新时代，为激励核工业人继承优良传统，学习先辈榜样，点燃心中那团火，进一步提升干事创业精气神，完成好国家重大任务，推动核工业高质量发展，在传承弘扬“两弹一星”精神和“四个一切”核工业精神，积极践行“责任、安全、创新、协同”核心价值观的基础上，中国核工业凝聚了“强核报国、创新奉献”的新时代核工业精神。

以“强核报国、创新奉献”为内容的新时代核工业精神，是核工业人在新时代奋力实践的精神财富，是兑现初心和使命的根本动力，是实现新的奋斗目标的精神支撑，体现了在市场经济环境下需要树立的一种精神境界。

强核是事业。核工业是高科技战略产业，是国家安全重要基石。要深入贯彻落实习近平总书记重要指示批示精神，不忘初心，牢记使命，勇担国任，敢于开拓，奋力实现“强核强国、造福人类”的历史使命和“三位一体”奋斗目标。报国是承诺。筑牢国家安全基石、建成世界一流核工业强国是核工业人的庄严承诺。要胸怀大局，心有大我，至诚报国，把爱国之情、报国之志融入核工业建设的伟大事业之中，忠于事业，坚守承诺，出色完成国家战略任务，服务于建设现代化强国、实现民族复兴的伟大目标，续写核工业新的辉煌篇章。创新是法宝。创新是推动高质量发展的需要，是企业制胜的法宝。要面向世界科技前沿，抢占科技创新的制高点，寻找重大突破，不畏挫折，敢为人先，在独创独有上下功夫，在解决受制于人的重大瓶颈问题上强化担当作为，着力攻克事关国家安全的基础前沿难题和关键核心技术，建设先进的核科技工业体系，成为国际核科技发展的引领者。奉献是境界。无私奉献是核工业的光荣传统。做强做优做大国有企业需要有一种为国家为人民真诚奉献的精神。要坚持国家利益至上，继承和发扬核工业人“干惊天动地事、做隐姓埋名人”的优秀品质，以建设核工业强国为己任，淡泊名利，勤奋钻研，奋力攻关，不求回报，甘做强核事业的付出者，要不慕虚荣，不计名利，甘做致力提携后学的“铺路石”和领路人。

第四节　榜样力量激励核工业人开创未来

60 多年来，经过一代又一代核工业人的前赴后继、不懈努力，从研制“两弹一艇”开始创立起来的核工业取得了众多令世人瞩目的成就，其中深深凝聚和渗透着杰出代表人物的突出贡献。2020 年 1 月 15 日，中核集团在纪念核工业创建 65 周年座谈会上发布“核工业功勋榜”。此次“核工业功勋榜”上榜者涵盖核工业全产业链，是中国核工业从创建伊始到当前各个时期的杰出代表，名单（按姓氏笔画排列）如下：

特别上榜人员（14 人）

于　敏：在氢弹原理突破中起了关键作用。

王淦昌：以身许国的核科学奠基人和开拓者之一。

邓稼先：核武器研制与发展的主要组织者、领导者。

朱光亚：核武器研制的科技领导人，为“两弹”技术突破及其武器化作出重大贡献。

刘　杰：核工业的开拓者、奠基人之一。

吴自良：领导研制成功铀同位素分离用的甲种分离膜。

宋任穷：核工业首任部长，中国核事业主要开创者之一。

陈芳允：研制出第一颗原子弹爆炸测试用的多道脉冲分析器。

陈能宽：核武器爆轰物理学的开拓者。

周光召：为中国核武器的理论设计奠定了基础。

钱三强：原子能科学事业卓越的开拓者和奠基人。

郭永怀：“两弹一星”科学家群体中唯一获得“烈士”称号的科学家。

彭桓武：领导并参加了原子弹、氢弹的原理突破。

程开甲：核武器事业的开拓者。

上榜人员（57 人）

丁大钊：领导轻核反应组为氢弹研制作出重要贡献。

于俊崇：研制成功新一代核动力。

马福邦：推动第一座重水实验堆的建造、消化吸收和改进。

王乃彦：粒子束惯性约束聚变研究的开辟者之一。

王介福：领导组织建成第一座铀浓缩工厂。

王方定：成功研制出第一颗原子弹点火中子源。

王承书：铀同位素分离理论奠基人。

文功元：为自主核电建设作出重要贡献。

叶奇蓁：自主设计建造成功中国首座大型商用核电站。

刘广均：铀同位素分离专业创始人之一。

阮可强：作为物理设计负责人研制成功微型反应堆。

孙玉发：反应堆工程设计研发领域学科带头人。

孙金水：为中核华兴发展成建工系统的龙头企业打下坚实基础。

杜祥琬：为氢弹研制和核武器的发展作出重要贡献。

李正武：中国磁约束核聚变奠基人之一。

李　觉：西北核武器研制基地主要创建者。

李冠兴：新型特种材料研发及应用的奠基人。

李德平：辐射防护领域、辐射探测技术的主要开拓者之一。

杨承宗：放射化学开创者、奠基者之一。

杨澄中：领导建立了第一台质子静电加速器和高压倍加器。

肖　伦：放射性同位素事业的开创者之一。

吴有训：近代物理学研究的开拓者和奠基人之一。

吴际霖：核武器研制的主要奠基人之一。

吴征铠：领导完成具有中国特色的六氟化铀简法生产工艺研究。

何泽慧：在领导建设中子物理实验室、高山宇宙线观察站等方面作出重要贡献。

汪家鼎：为第一座核燃料后处理厂建设提供了设计基础和运行依据。

汪德熙：核化学化工事业主要奠基人之一，核工业研究生部创始人。

张同星：把骨灰撒在大漠戈壁的一线科研工作者。

张沛霖：在军用核材料的研制和指导生产堆燃料元件的技术攻关中作出重要贡献。

张焕乔：为第一台中子晶体谱仪和中子衍射仪的建立作出重要贡献。

陈念念：主持研制成功第一代具有自主知识产权的先进专用设备。

陈肇博：为铀地质勘探以及对俄核能合作作出重要贡献。

欧阳予：第一座自行设计建成的秦山核电站总设计师。

周永茂：领导了民用微堆的开发、利用。

周邦新：核材料和核燃料元件领域著名的科学家和学科带头人之一。

周　秩：核工业四〇四厂主要创建者。

赵仁恺：核动力科学与工程研究设计的奠基人和开拓者之一。

赵　宏：领导完成第一座核电站和第一座出口核电站的建设任务。

赵忠尧：原子核物理、中子物理、加速器和宇宙线研究的先驱者和奠基人之一。

胡仁宇：组织领导了中国 6 次核试验。

胡思得：在物态方程、内爆动力学和核武器物理设计等方面做了开创性研究工作。

昝云龙：中国核电事业发展的主要推动和参与者之一。

姜圣阶：为中国“两弹”及时提供核燃料与核心部件作出重要贡献。

原公浦：完成中国第一颗原子弹的“心脏”——铀球的精细加工。

钱绍钧：作为技术负责人参加了多次核试验的放射化学诊断工作。

钱皋韵：分离膜研制的创始人之一。

徐　銶：快堆事业的开拓者和奠基人之一。

黄劭显：铀矿地质事业的创建人之一。

黄胜年：在中子物理与裂变物理领域开展了大量开创性的系统研究工作。

黄祖洽：核武器理论研究和设计的主要学术带头人之一。

曹本熹：有效推动核燃料化工生产的工程建设、顺利投产和技术改造。

彭士禄：第一任核潜艇总设计师。

葛昌纯：成功研制出生产铀-235 浓缩铀的分离膜。

蒋心雄：在核工业结构调整改革和核电建设及走出去方面作出重要贡献。

樊明武：研制的 30 兆瓦强流回旋加速器被评为 1996 年全国十大科技事件之一。

潘自强：奠定了放射性废物安全管理的基础。

戴传曾：为建立核电安全研究体系作出突出贡献。

“两弹一星”精神是爱国主义、集体主义、社会主义精神和科学精神的生动体现，是中国人民在 20 世纪创造的宝贵精神财富，对于实现中华民族伟大复兴的中国梦具有重大意义。“四个一切”核工业精神是“两弹一星”精神在核工业的丰富和发展。在 71 位核工业功勋人物的身上，既充满过硬的科学技术研究能力和组织管理本领，又凝聚着“两弹一星”精神和“四个一切”核工业精神。这成为他们为发展核工业建立功勋的力量之基。面向未来，核工业人致敬前贤，就要大力弘扬“强核报国、创新奉献”的新时代核工业精神，积极投身建设核强国的伟大征程，努力作出新的贡献，谱写新时代核工业发展的辉煌篇章。

后　记

历史是最好的教科书。新中国核工业自创建伊始，就注入了红色基因。六十六年来，全体核工业人坚守初心和使命，“干惊天动地事，做隐姓埋名人”，推动我国核工业从无到有、从小到大，并且逐步从弱到强，为国家安全和经济建设作出了突出贡献。

在各级领导的关心指导下，中国核工业集团公司牵头统筹，委托中核战略规划研究总院，由中国原子能出版社具体组织编写和出版《中国核工业发展简史》。本书根据《中国核工业集团公司发展史（1955—2015）》和《中国工业史·核工业卷》提供的史料，适当增加一些照片，并吸收新的内容编写而成。本书试图以较小的篇幅、图文并茂的形式，使读者用较少时间对党领导下的中国核工业60多年来的发展历程、主要成就和经验及启示的概况有一个基本了解，为核工业内部培训和新进员工详细了解相关历史提供线索和脉络，也为关心支持核工业发展的社会各界人士提供一定的参考。

本书的主要编写人员包括李新邦、常甲辰、席学武、江小生等，谭俊、王青、郭文传等负责全书的组织工作以及照片收集、筛选。郑庆云、张伟星、费本涛、丁杰盔、谭俊、江小生等对本书大纲和书稿进行了审读并提出修改意见。

在这部十余万字的简史中，编写人员试图对核工业近70年的发展历程和取得的辉煌成就作出概括性的叙述和介绍，更多参考的是中国核工业集团有限公司的发展脉络，同时兼顾了各部委和兄弟单位的情况，在概括的详略、逻辑的严密、评价的准确以及照片的选配等方面，可能存在不当之处。希望广大读者，特别是核工业战线的广大职工和离退休同志予以批评指正，提出建设性意见，以便将来改正、完善，提高核工业治史水平。

编　者

2021 年 11 月